# मेरी आठवीं पुस्तक

## मेरी व्यंग्य रचनाएँ



भुवन पंत 'इत्यादि'

notionpress.com

INDIA • SINGAPORE • MALAYSIA

# अस्वीकरण

इस पुस्तक में व्यक्त विचार लेखक के निजी विचार हैं। यह एक व्यंग्य-संग्रह है। किसी व्यक्ति, संस्था अथवा घटना से समानता संयोगवश हो सकती है।

ननकू को समर्पित

# Contents

# शुरू करने से पहले

जीवन में आपकी बहुत बड़ी-बड़ी इच्छाएँ होती होंगी, किंतु बचपन से ही मेरी एक छोटी-सी इच्छा थी। और वह इच्छा थी कि मेरा हर जगह नाम हो। इसी कारण मैंने अपना उपनाम 'इत्यादि' रखा। जाने-अनजाने सब मेरा नाम लेते रहते हैं।

सूर, कबीर, तुलसी इत्यादि भारत के महान रचनाकार रहे हैं। हरिशंकर परसाई, शरद जोशी, श्रीलाल शुक्ल इत्यादि भारत के महान व्यंग्यकार रहे हैं। हर जगह महान व्यक्तियों के साथ इत्यादि अवश्य रहता है। हाँ, विजय माल्या, नीरव मोदी, मेहुल चोकसी इत्यादि ...... भी बोला जाता है। इसमें इत्यादि मैं नहीं हूँ। ये इत्यादि अलग क्षेत्र के इत्यादि हैं।

बचपन अल्मोड़ा, उत्तराखंड के एक गाँव में बीता। कक्षा दो तक यहीं पढ़ाई की। हमारा स्कूल छप्पर का बना था और हम इंटरवल के लिए बस्ते में एक कागज़ में लपेटकर मडुवे (रागी) की रोटी में नमक लगाकर ले जाते थे। फिर दो साल अल्मोड़ा नगर में तथा उसके बाद हम लखनऊ महानगरी में आ गए। मेरी प्रारंभिक स्कूली शिक्षा बस किसी तरह आगे बढ़ रही थी। पहले ठेठ गाँव का परिवेश, फिर अल्मोड़ा का सुसंस्कृत वातावरण, फिर लखनऊ का अंग्रेज़ी वाला माहौल। मैं पढ़ाई-लिखाई में स्वयं को जल्दी-जल्दी

बदलते माहौल के अनुरूप ढाल नहीं पा रहा था और कक्षा सात में फेल हो गया। यह वह दौर था जब बच्चे फेल भी होते थे। बाद में समझ में आया कि यही असफलता मेरे जीवन की दशा और दिशा बदलने वाली घटना थी।

इसके बाद मेरी पढ़ाई-लिखाई बहुत अच्छी होने लगी और मैं अच्छे विद्यार्थियों में गिना जाने लगा। हाई स्कूल, इंटरमीडिएट, बी.एससी. और एम.एससी. में प्रथम श्रेणी से पास होने वालों को तब अच्छा विद्यार्थी माना जाता था। अतः मुझे भी लोग अच्छा विद्यार्थी मानने लगे।

भौतिक विज्ञान से एम.एससी. करने के बाद मैंने सिविल सर्विसेज़ की तैयारी शुरू की थी। परिवार की अपेक्षाएँ भी उसी दिशा में थीं। किंतु जीवन की अपनी योजनाएँ होती हैं। जेब खर्च के लिए ट्यूशन पढ़ाने लगा। बच्चों को मेरे पढ़ाने का तरीका पसंद आने लगा। धीरे-धीरे अच्छी आय होने लगी। पैसा, जो साधन था, साध्य बनने लगा। फिर मैंने फिजिक्स का एक कोचिंग संस्थान स्थापित किया। बच्चों को इंजीनियरिंग और मेडिकल प्रवेश परीक्षाओं के लिए फिजिक्स पढ़ाई। देखते-देखते अध्यापन के पच्चीस वर्ष बीत गए।

चार साल पहले मैंने महसूस किया कि जीवन में कुछ एकरसता-सी आने लगी है। सौभाग्य से बहुत अधिक ज़िम्मेदारियाँ नहीं थीं और बहुत बड़े शौक भी नहीं हैं, इसलिए अध्यापन कार्य छोड़ने में कोई जोखिम नहीं लगा।

बचपन से ही मुझे लेखन में रुचि रही है। मैं कविवर सुमित्रानंदन पंत के गाँव से हूँ। मेरा जीवन अल्मोड़ा तथा लखनऊ में बीता। ये दोनों ही शहर शिक्षा और संस्कृति के क्षेत्र में अग्रणी

रहे हैं। इन शहरों में रहते-रहते ही आप बहुत कुछ सीख जाते हैं, जिसे अपनी कलम से कागज़ पर उतार सकते हैं। वैसे हर लेखक का अपने शहर के लिए कुछ ऐसा ही आग्रह हो सकता है। सौभाग्य से मेरे पास सीखने की एक बहुत बड़ी कार्यशाला भी रही है, और वह है संयुक्त परिवार।

जीवन के प्रथम बत्तीस वर्ष संयुक्त परिवार में बीते। बहुत बड़ा संयुक्त परिवार। संयुक्त परिवार अपने आप में एक बहुरंगी किताब होता है। इसमें जीवन के सभी रंग और रस होते हैं। यह वह दौर था जब एक सगा भाई दूसरे सगे भाई के घर जाने से पहले फोन नहीं करता था। यह वह समय था जब कोई बहुत दूर का रिश्तेदार अपना बड़ा-सा बक्सा लेकर बेझिझक घर पर आ जाया करता था और कई महीनों तक यह भी नहीं बताता था कि वह और कितने समय तक ठहरने वाला है।

फिजिक्स जैसे दुरूह विषय को अपनी कक्षा में आसान शब्दों से समझाने में भी मैं हास्य-व्यंग्य का सहारा लेता था। न्यूटन के नियम, फैराडे के नियम, डॉप्लर प्रभाव जैसे विषय यदि बच्चे हँसते-हँसते सीख लें तो इससे अच्छी बात क्या हो सकती है। डेढ़-दो घंटे की कक्षा के बाद बच्चे मुस्कुराते हुए बाहर निकलते थे तो बहुत अच्छा लगता था।

बचपन में कंचे खेलना, डंडे से साइकिल का टायर चलाना, सिगरेट के खाली डिब्बे इकट्ठे करना जैसे शौकों से आगे बढ़ते हुए एक भौतिक विज्ञान के अध्यापक के रूप में यात्रा करना और फिर लेखन को पूरा समय देना, स्वयं में बड़े कैनवास वाला एक उपन्यास लगता है। ईश्वर ने मुझे जीवन के बहुत रंग दिए हैं। यदि

इन विविध रंगों का प्रयोग करके अपने पाठकों को एक सुंदर-सा इंद्रधनुष नहीं दिखा पाऊँ तो दोष मेरा ही होगा।

इस पुस्तक में आपको जीवन के विविध रंग मिलेंगे। किसी कौतूहल या रोमांच की उम्मीद मत करिएगा। यहाँ आपको सब कुछ जाना-पहचाना-सा मिलेगा, जैसे जाने-पहचाने होते हैं पेड़, नदी, पहाड़ और समुद्र। इनमें कुछ भी नया नहीं होता, लेकिन ये हमारे जीवन में नई ऊर्जा का संचार कर देते हैं। यह पुस्तक आपको समाज की सैर कराएगी तथा आपको दिखाएगी कि आपकी जैसी सोच, आदतें और भावनाएँ और लोगों में भी हैं। इस पुस्तक को पढ़ने के बाद समाज आपको कुछ और अधिक परिचित-सा लगेगा।

इस पुस्तक में पति-पत्नी को एक-दूसरे से बहस किस प्रकार करनी चाहिए, इस विषय पर भी प्रकाश डाला गया है। आप मेरी पहली विदेश यात्रा का अनोखा उद्देश्य जानेंगे और हमारे महान नेताओं के बचपन के बारे में भी पढ़ेंगे। आपको देश में भ्रष्टाचार तथा पढ़ने-लिखने से होने वाले 'नुक़सान' के कारणों का भी उल्लेख मिलेगा। आपने स्वतंत्रता दिवस या गणतंत्र दिवस के अवसर पर नेताओं को राष्ट्र के नाम संदेश देते हुए देखा होगा, किंतु यहाँ आप एक भ्रष्ट सरकारी अधिकारी का राष्ट्र के नाम संदेश भी सुनेंगे। पुस्तक का उद्देश्य जीवन की विसंगतियों में भी आनंद के कुछ क्षण तलाशने का प्रयास है। आखिर ज़िंदगी जीने के लिए होती है, काटने के लिए नहीं।

मैं आशा करता हूँ कि इस पुस्तक के अध्याय आपके जीवन में ऊर्जा का संचार करेंगे। जीवन की आपाधापी के बीच यदि यह पुस्तक आपके होंठों पर एक बार भी मुस्कान ला सके, तो मैं अपना प्रयास सफल समझूँगा।

# 1.

# मेरी आठवीं पुस्तक

'मेरी आठवीं पुस्तक' मेरी पहली पुस्तक का नाम है। मेरे जीवन का लक्ष्य है कि मैं आठ पुस्तकें लिखूँ और मेरी आठवीं तथा अंतिम पुस्तक का नाम हो 'मेरी पहली पुस्तक'।

अपनी पहली पुस्तक का नाम मैंने 'मेरी आठवीं पुस्तक' रखा है। यह आपको अटपटा लग सकता है। परंतु इस नामकरण के पीछे पाँच तार्किक कारण हैं। इन पाँच कारणों को जानने पर आपको यह नामकरण बहुत सार्थक और उपयुक्त लगेगा। साथ ही साथ इन कारणों को जानने के बाद आपका मेरी महानता तथा मेरी लघुता, दोनों से साक्षात्कार होगा।

चलिए, सबसे पहले नामकरण का पहला कारण देखते हैं।

जब देवकी और वसुदेव का विवाह संपन्न हुआ, तब कंस स्वयं अपनी बहन देवकी को रथ में बैठाकर विदा कर रहा था। तभी आकाशवाणी हुई: "हे कंस! जिस देवकी को तू इतने प्रेम से विदा कर रहा है, उसी का आठवाँ पुत्र तेरे वध का कारण बनेगा।"

कुछ-कुछ ऐसा ही मेरे संग भी हुआ। यह भी कह सकते हैं कि इसका उल्टा हुआ। मुझे भी आकाशवाणी सुनाई दी। उस रात मुझे सोए हुए कुछ मिनट ही बीते होंगे। अभी नींद कुछ कच्ची-सी थी। तभी एक थोड़ी गंभीर और थोड़ी डरावनी-सी आवाज़ आई। पहले-पहल मुझे लगा कि यह पत्नी के खर्राटों की आवाज़ है। लेकिन फिर यह आवाज़ उतनी अप्रिय भी नहीं लगी। यह आकाशवाणी थी। टेक्निकली, आप इसे फाल्स सीलिंग वाणी भी कह सकते हैं। और इस दिव्य वाणी के शब्द थे:

“हे भुवन! जिन व्यंग्य रचनाओं को तुम इतने प्रेम और उत्साह से लिख रहे हो, हमें पता है कि वे बहुत उच्च स्तरीय हैं। परंतु इन्हें प्रारंभ में पाठकों द्वारा पसंद ही नहीं किया जाएगा। किंतु जब तुम्हारी आठवीं पुस्तक छपेगी, तब पाठक तुम्हारी असली काबिलियत को जान पाएँगे। तुम्हारी आठवीं पुस्तक व्यंग्य जगत में तहलका मचा देगी।”

इस आकाशवाणी से प्रभावित होकर ही मैंने अपनी पहली पुस्तक का नाम ‘मेरी आठवीं पुस्तक’ रखा। आजकल जब हर व्यक्ति नियम-क़ानूनों के लूपहोल्स का फ़ायदा उठा रहा है, तो मैं आकाशवाणी के लूपहोल्स का फ़ायदा क्यों न उठाऊँ, मैंने सोचा। जब मेरी आठवीं पुस्तक को ही व्यंग्य जगत में तहलका मचाना है, तो उसे ही सबसे पहले क्यों न लिखा जाए, यह मैंने विचार किया।

अपनी पहली पुस्तक का नाम ‘मेरी आठवीं पुस्तक’ रखने का दूसरा कारण एक व्यापक लोकमंगल की भावना है। अगर आप जैसे बुद्धिमान पाठकों को छोड़ दें, तो आज के समय में पाठ्य-पुस्तकों के अतिरिक्त पुस्तकें पढ़ता ही कौन है? बहुत संभव है कि

जब कोई पाठक 'मेरी आठवीं पुस्तक' खरीदेगा, तो वह उसकी पहली पुस्तक हो। लेकिन जब वह लोगों से कहेगा कि आज मैंने 'मेरी आठवीं पुस्तक' खरीदी, तो लोग उसके बारे में बहुत अच्छी राय रखेंगे। उनको लगेगा कि यदि यह इसकी आठवीं पुस्तक है, तो इसका अर्थ है कि यह पहले सात पुस्तकें पढ़ चुका है। आज के सोशल मीडिया के दौर में बिना एक भी पुस्तक पढ़े व्यक्ति हर क्षेत्र का परम ज्ञाता बन जाता है। तो जब वह ऐसे दौर में लोगों को बताएगा कि मैं 'मेरी आठवीं पुस्तक' खरीदकर लाया हूँ, तो ज़रा सोचिए, सब उसे कितने आदरभाव से देखेंगे।

इस पुस्तक के नामकरण के पीछे तीसरा कारण प्रसिद्धि की मेरी छोटी-सी भूख है। मुझे अपने परिचित लोगों से तो कोई उम्मीद बची नहीं है। वे बतौर लेखक मुझे कुछ समझते ही नहीं। उनके लिए तो घर का पिज़्ज़ा परांठा बराबर है। किंतु अपरिचित लोगों को जब पता चलेगा कि 'मेरी आठवीं पुस्तक' प्रकाशित हुई है, तो निःसंदेह उनकी नज़र में मेरी छवि अच्छी बनेगी। उन्हें लगेगा कि हाँ, ये एक वरिष्ठ लेखक हैं। और उनका सोचना भी ठीक होगा। क्योंकि आजकल कोई भी लेखक अपनी पहली पुस्तक तो छपवा ही लेता है, भले ही वह लेखक ही उस पुस्तक का एकमात्र पाठक क्यों न हो। लेकिन आठवीं पुस्तक आमतौर पर एक सफल और वरिष्ठ लेखक ही लिख सकता है। उसकी पिछली सात पुस्तकें यदि असफल भी हों, तो भी लिखते-लिखते उसमें इतना नैपुण्य तो आ ही जाता है कि उसकी आठवीं पुस्तक कम से कम पढ़ने लायक तो हो ही जाती है।

पुस्तक के नामकरण के पीछे चौथा कारण मेरा अहम भाव है। आपको मालूम ही है कि आजकल किसी पुस्तक की सफलता के पीछे दूसरा सबसे बड़ा कारण होता है उसके कथ्य की गुणवत्ता।

और पहला सबसे बड़ा कारण होता है प्रचार। तो प्रचार के लिए हमारे पास एक 'इन हाउस' संस्था है। यह संस्था हर माह किसी न किसी लेखक की किसी पुस्तक का अनावरण करती है। आठ लेखकों की इस संस्था का नाम है 'साहित्य के आठ प्रहरी'। किसी माह यदि अनावरण के लिए कोई पुस्तक उपलब्ध नहीं है, तो हम कवर पेज का ही अनावरण कर देते हैं।

इस संस्था के सदस्य अग्रवाल साहब की पिछले माह चौथी पुस्तक 'मैं कुछ भी लिख देता हूँ' का अनावरण हुआ। उनकी पहले भी तीन पुस्तकें आ चुकी हैं: 'मैं आठों प्रहर लिखता हूँ', 'मैं अँधेरे में लिखता हूँ', तथा 'मैं क्यों लिखता हूँ'। अग्रवाल साहब मंच पर खड़े होकर बोल रहे थे: "मुझे बड़ी खुशी हो रही है आज अपनी चौथी पुस्तक के लोकार्पण के अवसर पर...।" इस समय मेरी नज़रें झुकी थीं। और ऐसा हो भी क्यों न? मेरी तो एक भी पुस्तक अभी तक नहीं छपी है। मैंने अग्रवाल साहब से आगे निकलने की युक्ति सोची। और मैं सफल भी हो गया। देखिए, आज आपके हाथों में है: मेरी दूसरी, चौथी या छठी नहीं, वरन् 'मेरी आठवीं पुस्तक'!

पुस्तक के इस नामकरण का पाँचवाँ और अंतिम कारण आम आदमी के प्रति हमारा दृष्टिकोण है। एक नेता हो या लेखक हो या हो कोई सामाजिक कार्यकर्ता, वह अक्सर आम आदमी के स्तर को ऊँचा उठाने की बात करता है। लेकिन वह आम आदमी के स्तर को इतना ऊँचा भी उठते हुए नहीं देख पाता कि वह इनके समकक्ष आ जाए। आम आदमी और इनका अपना स्तर दोनों अगर उठें, तो यह उन्हें मंज़ूर है ताकि दोनों स्तरों का अंतर बरक़रार रहे। मैं भी ननकू के स्तर को उठते हुए देखना चाहता था। लेकिन उसका स्तर मेरे बराबर हो जाए और मुझे यह सहज स्वीकार्य हो, अभी मेरा इतना विशाल हृदय भी नहीं हो पाया है।

चलिए, पहले ननकू जी से मिलते हैं।

जब पुस्तक का लोकार्पण होता है, तो उसके लिए टेंट-कुर्सी चाहिए होती है और कुछ चाय-नाश्ते का इंतज़ाम भी। इसके बाद इस कार्यक्रम के बारे में अख़बारों में भी ख़बर भिजवानी होती है। इन कामों के लिए ननकू जी सिद्धहस्त हैं। वे ही हमारी संस्था के लिए टेंट-कुर्सी और चाय-पानी का इंतज़ाम करते हैं और कुछ पत्रकारों से उनकी जान-पहचान भी है, अतः वे हमारे कार्यक्रमों की अख़बारों के माध्यम से पब्लिसिटी भी करवाते हैं। इन सबमें जो ख़र्चा आता है, वह उस लेखक को वहन करना होता है जिसकी पुस्तक का अनावरण हो रहा होता है। किंतु पिछले तीन महीनों से हम लेखकों की यह चिंता भी दूर हो गई है। इस चिंता को दूर करने के लिए अब हमने ननकू जी को अपनी संस्था 'साहित्य के आठ प्रहरी' का नौवाँ सदस्य बना लिया है।

कुछ दिन पूर्व मैं ननकू जी से उनके टेंट हाउस में मिला। ननकू जी आजकल अपनी पुस्तक 'ज़िल्द के भीतर से भी मतलब है' की प्रूफ़रीडिंग में जुटे हैं। उन्हें पुस्तक लिखने की प्रेरणा कहाँ से मिली, मैंने उनसे से पूछा। उन्होंने बताया: "जब आपकी संस्था में किसी लेखक की किसी पुस्तक का अनावरण होता था, तो लेखकों के साथ-साथ मुझे भी उपहारस्वरूप पुस्तक की एक प्रति दी जाती थी। इन पुस्तकों को पढ़कर मैंने कम से कम यह तो सीख ही लिया कि एक अच्छे लेखक को क्या नहीं लिखना चाहिए।"

बात ही बात में जब मुझे पता चला कि अगले माह ननकू जी की इस पहली पुस्तक का अनावरण होना है, तो मैं सोच में पड़ गया। मैंने सोचा कि अब प्रकाशित पुस्तकों के मामले में ननकू जी और मेरी बराबरी हो जाएगी। टेंट हाउस से वापस घर लौटते

हुए मैं यह सोचता रहा कि मैं क्या करूँ कि ननकू जी को मेरी बराबरी में न रखा जाए। और तब, मुझे अपनी पहली पुस्तक का नाम 'मेरी आठवीं पुस्तक' ही रखना चाहिए, मैंने अपने इस विचार पर मुहर लगा दी।

एक आम आदमी को अपने बराबर स्वीकार करना केवल पुस्तकों के कथ्य में और मंच के नारों में ही आसान लगता है, धरातल पर नहीं।

# 2.

# अंग्रेज़ी में बहस के फ़ायदे

पच्चीस वर्ष पूर्व विवाह के समय हम पति-पत्नी दोनों अध्यापन कार्य किया करते थे और अपने-अपने विषयों को अंग्रेज़ी में पढ़ाने में सक्षम थे। हम प्रत्येक उस व्यक्ति से धारा-प्रवाह अंग्रेज़ी में बातचीत कर सकते थे जिसे अंग्रेज़ी में धारा-प्रवाह बोलना न आता हो। लेकिन अगर आप धारा-प्रवाह अंग्रेज़ी बोलते मिल जाते थे तो हमारी अंग्रेज़ी में बहुत बफ़रिंग होने लग जाती थी।

हमारे पड़ोस में कपूर साहब रहते थे। उनकी मोहल्ले में बड़ी धाक थी। उनके यहाँ फ़िल्म फ़ेयर और फ़ेमिना पत्रिका आती थी और हमारे यहाँ मनोहर कहानियाँ और सरिता। उनके यहाँ द पायनियर न्यूज़-पेपर आता था और हमारे यहाँ स्वतंत्र भारत अख़बार। उनके यहाँ तो बहस और लड़ाई तक अंग्रेज़ी में होती थी।

देखा-देखी एक बार मैंने भी पत्नी को अंग्रेज़ी में डाँटने की कोशिश की। पत्नी पहले तो बहुत कन्फ़्यूज़ हो गई और फिर हँसने लगी। पत्नी को लगा मैं अंग्रेज़ी में कोई चुटकुला सुना रहा हूँ। कपूर साहब के यहाँ जाने पर जब वह हमें अंग्रेज़ी में चुटकुले सुनाते थे और हमें कुछ भी समझ में नहीं आता था, तो हम हँस दिया करते

थे। इससे कपूर साहब की भी और हमारी भी इज़्ज़त बनी रहती थी। पत्नी भी शायद आज इसीलिए हँसी थी। बहरहाल, जब मैंने पत्नी को बताया कि मैंने उन्हें अंग्रेज़ी में डाँटा है, तो तब वो सहम सी गई।

उस दिन पत्नी दुखी हुई—इस बात से नहीं कि मैंने उन्हें डाँटा, बल्कि इस बात से दुखी हुई कि उन्हें अभी डाँटने वाली अंग्रेज़ी समझ में नहीं आती है। और मैं भी इस बात से दुखी हुआ कि ऐसी अंग्रेज़ी बोलने का फ़ायदा क्या, जिसमें आप किसी को डाँट रहे हों और वह डर भी नहीं रहा हो, सहम भी नहीं रहा हो। उस दिन हम पति-पत्नी ने निर्णय लिया कि अब हम आपस में होने वाली हर बहस को, हर लड़ाई को, हर कलह को बस अंग्रेज़ी में ही किया करेंगे।

अगले दिन प्रातःकाल हम पति-पत्नी ने माँ सरस्वती की अंग्रेज़ी में प्रार्थना की । माँ से याचना की कि वह हमें आशीर्वाद दें जिससे हम पति-पत्नी एक दिन कपूर फ़ैमिली की तरह धारा-प्रवाह अंग्रेज़ी में बहस कर सकें, कलह कर सकें, लड़ सकें। और शगुन के तौर पर मैंने पत्नी से किसी मामूली बात पर 'भाड़ में जाओ' के बजाय 'गो टू हैल' बोला। पत्नी गर्व से मुस्कुराने लगी थीं।

अब हमारे घर का माहौल ही बदल गया था। अब घर में बहुत शांति होने लगी थी। बहस करते समय कई दफ़ा ऐन वक़्त पर अंग्रेज़ी के सही शब्द ज़ुबान पर आते ही नहीं थे। जब हम पति-पत्नी को एक-दूसरे से अंग्रेज़ी में बहस करनी होती थी, तो पहले हम शीशे के सामने खड़े होकर मॉक-प्रैक्टिस करते थे और तब जाकर एक-दूसरे पर अंग्रेज़ी में खूब बरसते थे। अच्छा, इससे दूसरे पक्ष को बुरा भी नहीं लगता था, क्योंकि उसे आहत करने वाले

शब्दों से मिलने वाले दुख के मुकाबले अंग्रेज़ी वोकैबलरी में इज़ाफ़ा होने का सुख अधिक मिलता था। अब हमारा समय कच्चे चिट्ठे खोलने में नहीं, बल्कि डिक्शनरी खोलने में जाता था। जब पत्नी अंग्रेज़ी में अपनी ननद की बुराई कर रही होती थीं, तो मुझे यह अपनी बहन की तारीफ़ सी लगने लगती थी। इतनी मीठी और गौरवपूर्ण है यह भाषा!

बहस के दौरान कभी-कभी तो ऐसा भी होता था कि मैं कोई अंग्रेज़ी वाक्य बोलने की सोचता था, पर मुझे यह व्याकरण की दृष्टि से ठीक नहीं लगता था, तो मैं इसे पत्नी से डिस्कस भी कर लिया करता था—"यहाँ पर हैव लगेगा या हैज़ लगेगा?" कभी-कभी पत्नी भी कन्फ़्यूज़ हो जाती थी। फिर हम 'रेन ऐंड मार्टिन' की किताब खोलते थे। इस तरह हम बहुत ही परिष्कृत भाषा का प्रयोग करते हुए एक-दूसरे पर ताने कसते थे। धीरे-धीरे हमारा भाषा पर कमांड बढ़ता गया और हम एक-दूसरे के तानों पर दुखी भी होने लगे। ये पल हमारे लिए गौरव के पल थे। हमारे और कपूर साहब के बीच फ़ासला कम होता जा रहा था।

अंग्रेज़ी में बहस करने के कारण अब मेरी माँ घर पर हर आने-जाने वाले से अपनी बहू की तारीफ़ करते नहीं थकती थीं। "हमारी बहू तो बहुत पढ़ी-लिखी है, वह तो बहस भी अंग्रेज़ी में करती है," माँ गर्व से कहती थीं। चंपा बाई तक हमारी इज़्ज़त करने लगी थी और वह सोफ़े और बेड के नीचे भी झाड़ू-पोछा करने लगी थी। अब हम घर की खिड़कियाँ खोलकर लड़ते थे। अब कपूर साहब हमें पारले-जी नहीं, महँगे विलायती कुकीज़ सर्व करने लगे थे। अब हम भली-भाँति जान गए थे कि किन बातों में प्रेज़ेंट 'टेंस' होता है और किन बातों में फ़्यूचर 'टेंस'!

अंग्रेज़ी ठीक-ठाक सीख लेने पर अब हम पति-पत्नी में अंग्रेज़ी में बहुत सहज कलह होने लगा है। अब हम पति-पत्नी तमिल, कन्नड़ तथा मराठी भाषा में बहस, ताने तथा लड़ना सीखने की सोच रहे हैं। इन भाषाओं में लड़ने लायक सीख लेने पर शायद इन राज्यों के नेता हम हिंदी-भाषियों को दिल से स्वीकार कर लें। प्यार की भाषा तो आजकल मजबूरी की भाषा समझी जाती है।

# 3.

# पत्नी के संग मॉल यात्रा

कम समझदार महिलाएँ जब कुर्ती, बेडशीट तथा नॉन-स्टिक कड़ाही खरीदने के लिए मॉल जाती हैं, तो वे कुर्ती, बेडशीट तथा नॉन-स्टिक कड़ाही खरीदकर घर आ जाती हैं। पर मेरी पत्नी समझदार हैं। वे समस्त भौतिक लालसाओं से बहुत दूर एक बैरागी, निर्लिप्त तपस्विनी की तरह मॉल में जाती हैं और भारत की जीडीपी को एक बहुत बड़ी उछाल देते हुए घर वापस लौटती हैं।

मेरा सौभाग्य है कि पत्नी हर बार बहुत सोच-समझकर ही कोई सामान खरीदती हैं। उदाहरण के लिए, एक बार वे सोफ़ा के लिए बहुत सुंदर से कुशन कवर लेकर आई थीं। ये कुशन कवर एक बार में ही आँखों को भा जाने वाले थे। फिर अगले हफ्ते उन्होंने इन कुशन कवर की मैचिंग का सोफ़ा खरीदा।

जब वे मॉल से कोई रैंडम सामान खरीदती हैं, तो मैं उनसे सुरक्षित दूरी बनाते हुए धीमे से पूछता हूँ, "यह बताओ, इसकी हमें क्या आवश्यकता है?" पत्नी बहुत गुस्से में आकर बोलती हैं, "यह कितने काम की है, आपको नहीं पता।" और फिर वे दस मिनट तक गुस्से में मौन धारण कर लेती हैं। इन दस मिनटों में वे सोच

लेती हैं कि जो सामान उन्होंने अभी-अभी खरीदा है, उसका घर में क्या उपयोग हो सकता है।

पत्नी जब ख़रीदारी करते समय किसी सामान के बारे में मेरी राय ले रही होती हैं, तो मैं उस सामान के टेक्सचर को फील करने के बहाने उसके प्राइस टैग को देखता हूँ और उसके अनुसार अपनी राय दे देता हूँ। वैसे किसी शोरूम में मैं जब पत्नी के संग रहता हूँ , तो मेरा बस एक काम होता है—बीच-बीच में किसी सामान को टच करके उसका विश्लेषण करने का अभिनय करना, ताकि पत्नी को लगे कि मैं भी उनकी तरह शॉपिंग करने में सीरियस हूँ।

मैं कपड़ों के फ़ैब्रिक के मामले में काफी कॉन्शियस रहता हूँ। सेल्समैन जब पूछता है कि सर, आपको किस फ़ैब्रिक की टी-शर्ट दिखाऊँ, तो मैं कहता हूँ कि भाई, छह–सात सौ रुपए तक के फ़ैब्रिक की टी-शर्ट दिखाइए।

जब पत्नी एक-आध आवश्यक तथा ढेर सारे अनावश्यक और अति-अनावश्यक सामान ख़रीद चुकी होती हैं, तब शुरू होती है मेरी असली परीक्षा —क्योंकि अब शुरू होती है मेरी पत्नी की असली ख़रीदारी! ज़रा ध्यान से देखिए...

पेमेंट काउंटर अभी कोसों दूर है। वहाँ तक पहुंचने के मार्ग पर कातर दृष्टि से पत्नी को देख रहे अनगिनत सामान पत्नी से "मॉल में डरता हूँ मैं, माँ ... तुझको पता है न, माँ" कहते नजर आते हैं। और ऐसे समय में इस शोरूम के अंदर के संकरे रास्तों में हर तरफ से आ रही मासूम सामानों के सिसकने की आवाजों को सुन दयालु पत्नी के कदम ठहर से जाते हैं। और स्पेशल इफेक्ट प्रदान करती स्मार्ट सेल्स गर्ल्स मुस्कुराते हुए, नैनों की भाषा से पत्नी से कहती नज़र आती हैं:

अभी अभी तो आई हो बहार बनके छाई हो

हवा ज़रा महक तो ले नज़र ज़रा बहक तो ले

इस इमोशनल मौके पर पत्नी का ध्यान भटकाने के लिए मुझे भी कोई इमोशनल काम करना पड़ता है। और तब मैं पत्नी को उनकी आँखों को मेरी आँखों में देखने के लिए मजबूर करते हुए, उन्हें अपने जीवन की कोई मार्मिक कहानी सुनाते हुए पेमेंट काउंटर की तरफ बढ़ता हूँ। आप भी सुनिए, आज मैं पत्नी को कौन-सी कहानी सुना रहा हूँ —

तब मैं छह साल का रहा हूँगा। गाँव में था। एक दिन ईजा (माँ) खाना बना रही थी। बड़े भाई-बहन स्कूल गए हुए थे। आमा (दादी) आँगन में छाँव में बैठी थीं। रसोई घर के बगल में एक स्टोर था, जिसमें सूखी लकड़ियाँ ठसाठस भरी रहती थीं। शायद अगले छह महीने तक का स्टॉक वहाँ पर रहता होगा। मेरे एक हाथ में माचिस की डिब्बी थी और दूसरे हाथ में पिरूल (चीड़ के ज्वलनशील सूखे पत्ते)। मैंने लकड़ियों के बीच में पिरूल डाला और फिर जलाई जीवन में पहली बार माचिस ...

सारा स्टोर आग की लपटों से भर गया था। धुँवाँ बाहर आँगन में आ चुका था। आमा चिल्लाईं। ईजा रसोई से घबराती हुई बाहर आईं। सामने खेतों में काम कर रहे लोगों को धात (आवाज़) लगाकर बुलाया गया। जिसको जो भी बर्तन दिखा, उसमें पानी भरकर बगल के नौले (जल कुंड) से लाने लगे। आग बुझाने में काफी समय लगा। ईजा और आमा जोर-जोर से रो रही थीं—"गुड्डू, तू कहाँ है... गुड्डू, तू कहाँ है..."

इस समय तक पत्नी बहुत इमोशनल हो चुकी थीं और हम लोग पेमेंट करके शोरूम से बाहर भी आ चुके थे। अब कहानी को और लंबा करने का कोई औचित्य नहीं था।

पत्नी ने पूछा—

"फिर आप कैसे बचे?"

"मैं तो आग लगाते ही डर के मारे बाहर बगीचे में एक पेड़ पर चढ़ गया था। वहीं पत्तियों के बीच से छुपकर मैं सारा दृश्य देख रहा था," मैंने कहा।

# 4.

# अगले जनम मोहे डाइनिंग टेबल न कीजो

मैं पंत जी की डाइनिंग टेबल हूँ। मैं पंत जी के घर बहुत से सपने सँजोकर आई थी। जब मैं शोरूम में थी तो मैं वहाँ चल रहे टीवी सीरियलों में डाइनिंग टेबलों को देखा करती थी। इन सीरियलों में डाइनिंग टेबल के ऊपर मुझे दिखता था एक सुंदर सा फूलदान, सुंदर सी नमकदानी, अचारदानी, टिशू पेपर, स्पून होल्डर, सुंदर सा पानी का जग और सुंदर से गिलास। लेकिन पंत जी के यहाँ मेरी हालत देखिए। आपको मुझ पर लदे मिलेंगे प्रेस के लिए जाने वाले या प्रेस करके आने वाले कपड़े, गाड़ी की चाबी, मटर के छिलके, बैडमिंटन रैकेट, पेंचकस और कुर्ते का एक बटन तथा कुछ गले-गले से केले, जिनको इन लोगों से न खाया जा रहा है और न फेंका जा रहा है।

कहने को तो मैं पंत जी के घर की डाइनिंग टेबल हूँ, लेकिन जब मैं स्वयं को डाइनिंग टेबल कह रही हूँ तो बगल के कमरे का डबल बेड मेरा मज़ाक बना रहा होगा। वहाँ बैठकर पंत जी इस

समय खाना खा रहे हैं। वह बेड तकियों से कह रहा होगा, "बड़ी आई ये टेबल अपने को डाइनिंग टेबल समझने वाली।"

कहार दुल्हन को डोली में उसके ससुराल ले जाते समय बीच में थोड़ा सुस्ताने के लिए किसी 'स्थान' पर बैठ जाते हैं। ऐसे ही किसी 'स्थान' की तरह कुछ मेरा भी उपयोग हो रहा है। डोली में बैठी दुल्हन की तरह ही मेरे ऊपर भी जो अनेकों पैकेट रखे रहते हैं, उन्हें देखकर लगता है मानो किसी सामूहिक विवाह में बहुत सारी दुल्हनें कैरीबैग या पॉलिथीन के थैलों के घूँघट ओढ़े सहमी-लजाती सी बैठी हों। रसोईघर, पूजाघर, बेडरूम, वॉशरूम, स्टोररूम इत्यादि के लिए बाज़ार से आने वाली चीज़ें अपने-अपने गंतव्य पर जाने से पहले कुछ समय के लिए विश्राम करने के लिए मेरे ऊपर रख दी जाती हैं। इतना ही उपयोग रह गया है मेरा।

एक दिन मैंने पंत जी की पत्नी को कहते सुना: "बिस्तर पर बैठकर खाना खाना अच्छी बात नहीं है। और सामने जब टीवी चल रहा होता है तो उससे हमारा ध्यान खाने पर नहीं, टीवी पर होता है। इससे पाचन हेतु आवश्यक एंज़ाइम स्रावित नहीं हो पाते। कल से हम लोग डाइनिंग टेबल पर बैठकर ही खाएँगे।" उस रात मेरी आँखों से ख़ुशी के आँसू निकल पड़े। मैं आँसुओं से पूरी नम हो गई थी। अगले दिन मेरी सफ़ाई के वक़्त कपड़े को गीला करने की आवश्यकता भी नहीं पड़ी।

लेकिन मेरा दुर्भाग्य देखिए। मानो डोली घर में आने से पहले ही तलाक़ हो गया हो। आईपीएल का रोमांचक मैच चल रहा था। पंत जी पत्नी से बोले, "सुनो, खाना यही बेड पर ही लगा दो।" मैडम को भी क्रिकेट का नया-नया शौक़ लगा हुआ था। मोहल्ले में उनकी सहेलियाँ भी आजकल शाम को टहलते समय अपनी-

अपनी ममतामयी ननदों, जेठानियों और सासुओं की दिव्य गाथाओं के बजाय क्रिकेट की बातें करने लगी हैं। अतः मैडम ने भी पतिदेव का विरोध नहीं किया और वे बेड के ऊपर ही खाना खाने लगे। मानो दुकान का शटर उठाया ही हो और शहर में कर्फ़्यू लग जाए।

उस दिन घर में मेहमान आने वाले थे। शायद बहुत ख़ास मेहमान रहे होंगे। मुझे नख-शिख सुसज्जित किया गया। वुड शाइनिंग क्रीम से पैडिक्योर हुआ। कॉलिन का जमकर स्प्रे हुआ। अधेड़ उम्र की मैं पुनः नवयुवती सी बन गई। सुंदर फूलदान से सजाई गई। नए क्रॉकरी सेट, डिनर सेट, नए कैसरोल और बढ़िया-बढ़िया बर्तनों से मेरा सोलह शृंगार हुआ। बगल के कमरे में सजी-धजी परंतु उपेक्षित बेड को तो आज मैं एक सौत समान लग रही हूँगी। मुझे मालूम है कल से फिर उसी की पूछ होगी, परंतु आज इस घर की नाक मेरे बदौलत ही ऊँची हो रही है। मुझे इस बात पर फ़ख्र और संतोष हो रहा है।

मुझे तो लगता है मेरा नाम एक 'मिसनोमर' है। नामकरण ही ग़लत हुआ है। शायद मेरा नाम डाइनिंग टेबल नहीं, ट्रांज़िट टेबल होना चाहिए था या मिसलेनियस टेबल होना चाहिए था। संसद में हमारे माननीय सांसद बैठें और देश के हित में कुछ उपयोगी बातें हों—जैसे आप चाहते हैं, वैसे ही घर के सदस्य इस नाचीज़ डाइनिंग टेबल पर बैठकर प्यार भरी बातें करते हुए खाना खाएँ—बस इतनी ही छोटी सी ख़्वाहिश है मेरी।

स्टेटस के लिए तथा दिखावे के लिए डाइनिंग टेबल बहुत आवश्यक है। दरअसल इस घर में मेरी स्थिति अनेक घरों में रह रहे उन बुज़ुर्गों की तरह हो गई है, जिनको समाज में मान-सम्मान पाने के लिए तथा दिखावे के लिए घर में रखना ज़रूरी तो हो

जाता है, लेकिन वे घर के एक कोने में या एक कमरे के अंदर अकेले-अकेले से रह जाते हैं। आप कितने भी व्यस्त क्यों न हों, अगर इन बुज़ुर्गों के साथ बैठकर चार बातें कर लें, तो उनको जो सुख की अनुभूति होती है, वही सुख की अनुभूति मुझे भी होती है जब आप मेरा प्रयोग भोजन करने के लिए करते हैं।

और अंत में, मैं उम्मीद करती हूँ कि पंत जी मेरा प्रयोग मात्र रस्म-अदायगी हेतु न करें, जैसा रस्म-अदायगी हेतु हिंदी का प्रयोग हिंदी दिवस के दिन किया जाता है। बल्कि वे मेरा प्रयोग वैसे ही करें, जैसे हिंदी का प्रयोग देश के गली-कूचों में सुख में, दुख में, प्यार में, क्रोध में, अपने लोगों के बीच हृदय के उद्गार प्रकट करने के लिए किया जाता है।

# 5.

# पत्नी का क्रिकेट प्रेम

मेरी पत्नी ने उस दिन से पहले टीवी पर चल रहे किसी क्रिकेट मैच पर उतना ही ध्यान दिया होगा जितना प्रेम विवाह करने की ठान चुके युवा अपने जीवनसाथी के विषय में अपने माता-पिता की सलाह पर ध्यान देते हैं। लेकिन T20 वर्ल्ड कप में भारत-पाकिस्तान के बीच हुए मैच को पत्नी ने पूरा देखा। और उस दिन के बाद उन्होंने विश्व कप का एक भी मैच नहीं छोड़ा।

क्योंकि पत्नी बचपन में अपने मोहल्ले की गली में 'एक टप्पा आउट' क्रिकेट खेल चुकी हैं, अतः जब कमेंटेटर ने बोला कि तिलक वर्मा ने एक शानदार शॉट गली की तरफ मारा तो उन्हें यह नॉस्टैल्जिक सा लगा। वह विशाल स्टेडियम में गली ढूंढने लगीं। कमेंटेटर के 'लेग स्लिप' बोलने पर पत्नी दया भाव से देखने लगीं कि किस खिलाड़ी का पैर फिसल गया है।

इस मैच में भले ही अभिषेक शर्मा ने शून्य रन बनाए थे, किंतु पत्नी उनसे बहुत अधिक प्रभावित थीं। उन्होंने तो तुरंत ही बेटे को फ़ोन लगाकर अभिषेक की तारीफ भी करनी शुरू कर दी—बेटा देखो, इतना फ़ेमस खिलाड़ी है और इसके बावजूद ज़रा उसके बाल

तो देखो— इतने छोटे-छोटे बाल रखे हैं। और एक तुम हो कि तुम्हारे बाल कंधे तक आते हैं।

लेकिन मैच खत्म होते-होते पत्नी का अभिषेक के प्रति आदर भाव ख़त्म सा हो गया था क्योंकि पत्नी ने उन्हें थूक लगाकर गेंद को चमकाते हुए देखा। अब पत्नी पूरे समय यही देखती रहीं कि अभिषेक ने हाथ धोए कि नहीं!

पत्नी शिवम दुबे को भी बहुत पसंद कर रही थीं। पत्नी का उसको पसंद करने का लॉजिक था — उसका नहाया हुआ-सा दिखना। हमारे घर पर आने वाले मेरे बेटे के दोस्तों का मेरी मेरी पत्नी को इंप्रेस करने के लिए उनका नहाकर आना एक बहुत बड़ी शर्त रही है। आपको पता ही होगा कि चार साल की इंजीनियरिंग की पढ़ाई के दौरान हॉस्टल में रह चुके एक सुपुत्र का नहाना उसकी माँ के लिए उसकी किसी बड़ी उपलब्धि से कम नहीं होता है।

मेरी 'मजबूरी' के कारण पत्नी को उस दिन से क्रिकेट का चस्का लगा। आइए इस 'मजबूरी' को समझते हैं। दरअसल जब मैं बिस्तर पर लेटे-लेटे टीवी पर विश्व कप का आनंद ले रहा था तो किचन में काम कर रही पत्नी के ताने बुमराह की गेंदों से ज़्यादा प्रहार करते प्रतीत हो रहे थे। उनके कमरे में आने पर मैं ऐसा महसूस कर रहा था जैसे स्टंप्स के सामने गेंद के पैड पर लगने पर बल्लेबाज अंपायर के सामने महसूस करता है। कूटनीति कहती है कि अगर आप ताक़तवर विरोधी का मुकाबला नहीं कर सकते तो उसे दोस्त बना लेना चाहिए, अतः मैंने 'मजबूरी' में पत्नी से कहा—घर के काम तो रोज ही होते हैं, चलो बैठो और तुम भी मैच देखो! और पत्नी ने मेरी बात मान भी ली।

आप मेरी पत्नी की देशभक्ति पर शक मत करिएगा, परंतु भारत-न्यूज़ीलैंड के बीच हुए फाइनल मैच में पत्नी न्यूज़ीलैंड की टीम को सपोर्ट करती रहीं। कारण था, न्यूज़ीलैंड के खिलाड़ियों की टी-शर्ट का कलर। पत्नी ने मैच में हुए ड्रिंक्स ब्रेक के दौरान बताया कि इस कलर की टी-शर्ट हर कलर की पैंट्स के संग मैच हो जाएगी।

सूर्यकुमार यादव के च्यूइंग गम चबाने का अंदाज़ भी पत्नी का भारतीय क्रिकेट टीम को सपोर्ट न करने का एक बहुत बड़ा कारण था। यादव जी का टैटू प्रेम, पत्नी को उनका फैन बनने से रोकता है। टैटू के कारण तो पत्नी हमारे बेटे को यह आशीर्वाद देते हुए भी बचती हैं कि बेटा जीवन में तुम विराट कोहली की तरह बनो।

फाइनल मैच में संजू सैमसन ने एक शॉट मारा और दौड़कर दो रन पूरे किए, लेकिन इसी बीच गेंद बाउंड्री पार कर गई और पत्नी चिल्लाने लगीं—सिक्सर-सिक्सर। पत्नी को समझाने की मुझे नाक़ामयाब कोशिश करनी पड़ी कि बल्लेबाज को चार ही रन मिलेंगे। अगर कोई खिलाड़ी चौका मारता है और इस बीच दौड़कर दो रन ले लेता है तो इसे चौका नहीं छक्का कहना चाहिए—पत्नी अपने तर्क पर अडिग थीं। अंततः मैंने भी पत्नी का समर्थन किया ताकि उनसे और बहस न करनी पड़े और मेरा पूरा ध्यान मैच देखने में ही रहे।

“किसी खिलाड़ी के आउट हो जाने पर अंपायर द्वारा एक उंगली आसमान की तरफ उठाई जाती है, इसका क्या औचित्य है?” पत्नी ने इस प्रश्न की गुगली फेंकी।

“अंपायर ईश्वर की तरफ एक उंगली दिखाकर बैट्समैन से कह रहा है कि ईश्वर को तुम्हारा क्रीज़ पर रहना बस इतना ही मंज़ूर था”—मैंने धर्मपरायण पत्नी को समझाया।

"किंतु सर्वशक्तिमान ईश्वर को उंगली दिखाना क्या असभ्यता नहीं है? अंपायर को अपने दोनों हाथ ऊपर आसमान की तरफ उठाकर क्या बैट्समैन को यह नहीं बताना चाहिए कि ऊपर वाले की यही मर्जी है?"—पत्नी बोली।

अगर मैं पत्नी से यह कहता कि दोनों हाथ ऊपर उठाने का अर्थ हो जाएगा सिक्सर, तो पत्नी और बहस करने लगतीं। इसलिए मैंने बहस को आगे न बढ़ने देने के लिए पत्नी से कहा— "हाँ, शायद तुम सही कह रही हो।"

फील्डरों द्वारा गेंद को बाउंड्री लाइन से पहले न रोक पाने पर पत्नी को जो ग़ुस्सा आ रहा था, उसके कारण हमारे बेटे को बहुत लाभ मिला है। पत्नी हमारे सुपुत्र को पहले बहुत लापरवाह माना करती थीं, पर अब वह कहने लगी हैं— "हमारा बेटा कम से कम इन खिलाड़ियों की तरह इतना अधिक बेफिक्र तो नहीं है।" पत्नी को अगर मैं यह समझाने में लग जाता कि जो गेंद टीवी में उन्हें बगल से गुजरती नजर आ रही है, वह वास्तव में बीस-तीस मीटर दूरी पर होती है, तो उन्हें समझाते-समझाते शायद मैच ही खत्म हो जाता। अतः मैंने उनसे कहा— "हाँ, शायद तुम सही कह रही हो।"

इस मैच में जब भारतीय टीम जीतने ही वाली थी, तो पत्नी ने अपनी लॉयल्टी भारतीय टीम की तरफ कर ली। बोलने लगीं, "कितने जुझारू फ़ाइटर लगते हैं 'हमारे' भारत के खिलाड़ी।" भारत की जीत के बाद घर के मंदिर में जाकर उन्होंने ईश्वर को धन्यवाद भी दिया। मैंने उन्हें प्यार से 'पलटूराम' भी कहा। पत्नी बोलीं 'पलटूराम' पुल्लिंग शब्द है। अभी टीवी में खिलाड़ियों का इंटरव्यू

चल रहा था इसलिए मैंने समय बचाने के लिए उनसे कहा—"हाँ, शायद तुम सही कह रही हो।"

वर्ल्ड कप टूर्नामेंट के दौरान पत्नी को क्रिकेट का इतना अधिक ज्ञान हो चुका है कि वह अब भविष्यवाणी भी करने लगी हैं। "इस बार देखिएगा आईपीएल ट्रॉफी भी इंडिया ही जीतेगी" पत्नी के मुखारविन्द से निकले इस वाक्य को सुनकर मेरे मुँह से बरबस ही निकल पड़ा —"हाँ, शायद तुम सही कह रही हो।"

# 6.

# होटल में कॉम्प्लिमेंटरी ब्रेकफ़ास्ट

मैं सुबह के नाश्ते में दो पीस ब्रेड या एक पराठा लेता हूँ और चाय पीता हूँ। बस। किंतु मेरे पाचन तंत्र में उत्परिवर्तन हो जाता है जब मुझे किसी होटल में कॉम्प्लिमेंटरी ब्रेकफ़ास्ट की सुविधा मिलती है।

हाल ही में हम गोवा के एक ख़ूबसूरत से रिसॉर्ट में रुके थे। कॉम्प्लिमेंटरी ब्रेकफ़ास्ट का टाइम सुबह आठ से दस बजे के बीच का था। हम पति-पत्नी 8:00:00 बजे डाइनिंग हॉल में पहुँच जाते थे और दस बजे फ़ूड काउंटर क्लोज़ होने पर ही अपने कमरे की तरफ़ लौटते थे।

कॉम्प्लिमेंटरी ब्रेकफ़ास्ट करते समय हम यह नहीं देखते हैं कि हमें कितनी भूख लगी है। बल्कि हम यह देखते हैं कि इतना महँगा टैरिफ़ चुका कर जो हम इस रिसॉर्ट में रह रहे हैं, यहाँ पर कितनी अधिक से अधिक वसूली की जा सकती है।

बहुत अधिक मात्रा में कॉम्प्लिमेंटरी ब्रेकफ़ास्ट खाए जाने के पक्ष में हमारा दूसरा तर्क यह होता है कि ऐसा करने पर दिन का

खाना भी स्किप किया जा सकता है और इससे टूरिस्ट प्लेसेज़ पर खाने पर ख़र्च होने वाले अनाप-शनाप पैसे भी बच जाते हैं।

हमारा तीसरा तर्क होता है: यहाँ पर डाइनिंग हॉल में रखे गए बुफ़े की हर चीज़ हम टेस्ट कर सकते हैं, जिनको टेस्ट करने के लिए अन्यथा और समय या और जगहों पर हमको ढेरों पैसे ख़र्च करने पड़ते हैं। आमतौर पर कोई खाने-पीने की चीज़ मेरे जैसे लोग इसलिए भी टेस्ट नहीं कर पाते क्योंकि वे सोचते हैं कि अगर यह स्वादिष्ट नहीं होगा तो पैसा बर्बाद हो जाएगा, किंतु कॉम्प्लिमेंटरी ब्रेकफ़ास्ट करते समय यह समस्या नहीं रहती।

जुगाली करने वाले जानवरों को जब ढेर सारा खाना दिखता है तो वे एक साथ बहुत सारा खाना खा लेते हैं और फिर आराम से दिन भर बैठकर जुगाली करते हैं। इस काम के लिए उनका पेट चार हिस्सों में बँटा होता है। जुगाली के वक़्त पेट से भोजन वापस मुँह में आ जाता है, जिसको धीरे-धीरे ये जानवर भली-भाँति चबाकर पुनः पेट के अंदर भेजते हैं। कॉम्प्लिमेंटरी ब्रेकफ़ास्ट में जो ठूँसने की प्रवृत्ति बढ़ रही है, उसको देखते हुए ऐसा लगता है कि धीरे-धीरे मानव का पेट भी जुगाली करने वाले जानवरों की भाँति विकसित हो जाएगा।

नारकोटिक्स डिपार्टमेंट के लोग एयरपोर्ट पर कभी-कभी लोगों के सामानों की रैंडम चेकिंग भी करते हैं। लगेज की जाँच होने पर ड्रग्स इत्यादि मिल जाएँ तो यह इतनी अधिक शर्म की बात नहीं होती है। शर्म की बात तो तब होती है जब नारकोटिक्स वालों को होटल के लेबल लगे टूथपेस्ट, टूथब्रश के अलावा चाय-पत्ती, कॉफ़ी और चीनी के छोटे-छोटे सैशे मिलते हैं। यही बातें सोच-सोचकर हम पति-पत्नी एयरपोर्ट पर बहुत अधिक एंजॉय भी नहीं कर पाते

हैं। ऑफ़िसर टाइप के लोगों को अपनी तरफ़ आते देख सिहर उठते हैं। यही छोटी-छोटी 'चोरियों' के पकड़े जाने का डर तथा उसके उपरांत आने वाली शर्म मध्यम वर्गीय लोगों को उच्च वर्गीय बनने से रोकता है।

कभी-कभी तो लगता है कि अगर ईश्वर प्रकट हो जाएँ और पूछें: "हे वत्स! तुम कितना अमीर बनना चाहते हो?" तो मैं उनसे कह सकूँ: "हे प्रभु, मुझे बस इतना अमीर बना दीजिए कि मैं जब किसी बड़े और महँगे होटल या रिसॉर्ट में कॉम्प्लिमेंटरी ब्रेकफ़ास्ट करने जाऊँ तो वहाँ पर मैं उतना ही खाऊँ जितनी मुझे भूख हो। तथा प्रभु, जब मैं चेक-आउट के वक़्त होटल का कमरा छोड़ते समय पत्नी से यह देखने के लिए कहूँ कि कमरे में कोई सामान रह तो नहीं गया, तो पत्नी चाय, कॉफ़ी तथा चीनी के सैशे को 'कोई सामान' में न गिने।"

# 7.

# टोल टैक्स अदा करते रिश्तेदार

यहाँ मैं 'डे बोर्डिंग' वाले रिश्तेदारों की नहीं बल्कि उन रिश्तेदारों की बात कर रहा हूँ जो अटैची लेकर कुछ दिन या कई दिनों के लिए घर पर आया करते थे। बचपन में जब रिश्तेदार घर पर आते थे तो बहुत अच्छा लगता था। और जब रिश्तेदार घर से जाते थे तो भी बहुत अच्छा लगता था। इसी को शायद भगवान श्री कृष्ण ने 'समत्व भाव' कहा है।

बचपन में सभी रिश्तेदार अच्छे लगते थे। लेकिन कुछ रिश्तेदार तो बहुत ही अच्छे लगते थे। जिन रिश्तेदारों के सद्गुणों को मेरे ईजा-बाबू (माता-पिता) समझ नहीं पाते थे और उनके जाते ही उनकी बुराई करने लगते थे, वे रिश्तेदार भी मुझे बहुत अच्छे लगते थे। ऐसा तो नहीं कि मैं बचपन में बहुत समझदार था?

आपके यहाँ पता नहीं इसके लिए क्या आधिकारिक नाम है, लेकिन हमारे यहाँ जब मेहमान विदा होते समय हमारे हाथ में कुछ पैसे रख जाते थे, तो हम उसे 'चुंगी' कहते थे। चुंगी अर्थात टोल टैक्स। जैसे आजकल टोल टैक्स अदा न करने पर टोल कर्मचारी मारपीट पर उतर आते हैं, वैसा हम नहीं करते थे। उनके

द्वारा टोल टैक्स न दिए जाने पर हम केवल मुँह बनाकर 'टोल पेंडिंग' का संकेत देते थे। उचित टोल टैक्स मिलने की स्थिति में हम विदा होते मेहमानों को अपनी प्यार भरी मुस्कुराहट की रसीद दिया करते थे।

वह दिन मेरे जीवन के स्वर्णिम दिनों में से एक था। उस दिन घर से एक साथ तीन मेहमान विदा हुए थे। उस दिन अधिक अमीर बनने की संभावना में मैंने जेब वाली कमीज भी पहनी थी। मेहमानों के नाम तथा उनके द्वारा अदा की गई चुंगी इस प्रकार थी —लक्ष्मी काकी —चवन्नी, मालती बुआ —अठन्नी, लुक्कू दद्दा —एक रुपया।

पैसा बहुत बुरी चीज है। यह इंसान को बहुत बदल देता है, यह मैंने अपने आप में भी देखा है। मैं अपने माता-पिता को भगवान से कम नहीं समझता था, किंतु उस दिन मेरी जेब में जब पैसा आया तो मेरी सोच ही बदल गई। मैंने उन्हें अब केवल इंसान मानना शुरू कर दिया —अधिक से अधिक बहुत महान इंसान। मेरी इस सोच के पीछे बहुत सॉलिड कारण भी था। आप भी चाहे तो उसे सुनिए और फिर निर्णय लीजिए कि मैं सही था या मेरे ईजा-बाबू...

नौ वर्ष के जिस बालक की जेब में पौने दो रुपए हों और वह तब भी अपने ईजा-बाबू के सामने बहुत नम्र रहे, मैं इतना अच्छा भी नहीं था। मैं ईजा-बाबू के इस वार्तालाप को सुनकर उस दिन विद्रोही हो उठा था —

"भगवान का लाख-लाख शुक्र है, यह लुक्कू आज चला गया।" बाबू बोले।

"लछमी के जाने पर घर कितना सूना लग रहा है।" ईजा बोली।

"लुक्कू दिन भर सुरती खाता रहता है, क्या असर पड़ेगा बच्चों पर?" बाबू बोले।

"मालती लली को कुछ दिन और घर पर रोक लेते। कितना अच्छा लग रहा था।" ईजा बोली।

"कल गुड्डू को लुक्कू ने पान की दुकान में भेजकर चूना मँगवाया था।" बाबू बोले।

"मालती लली नंद कम, बहन ज्यादा लगती है।" ईजा बोली।

"ऐसे थोड़ी लगती है सरकारी नौकरी, सुरती और सिगरेट पीकर।" बाबू बोले।

यह ईजा-बाबू की आपस में बातचीत कम, आत्मसंवाद ज्यादा लग रहा था। ईजा-बाबू को तो लगता है अच्छे-बुरे की समझ ही नहीं है, मैं सोचने लगा। पता नहीं यह बात कंधे के ऊपर स्थित मेरा मस्तिष्क बोल रहा था या कंधे के नीचे कमीज की जेब में रखा हुआ लुक्कू दद्दा प्रदत्त एक रुपए का करारा नोट!

उस दिन तो जेब में इतना पैसा था कि मेरे पास घर छोड़कर अलग बसने का विकल्प भी खुला था, किंतु लोक-लाज के भय से मैंने अपना निर्णय बदल दिया।

****

मेहमानों द्वारा अदा की गई चुंगी के माध्यम से हम लोगों ने बचपन में ही समाजवाद और पूँजीवाद में अंतर भी सीख लिया था। विदा होते समय अगर मेहमानों को घर में चार बच्चे दिखाई देते थे और वे चारों को अलग-अलग चुंगी दिया करते थे, तो इस समाजवादी कृत्य से किसी को भी कोई परेशानी नहीं होती थी।

किंतु अगर वे एक रुपए या दो रुपए का नोट किसी एक बच्चे के हाथ में रखकर चल देते थे, तो उसके बाद समाजवाद और पूँजीवाद के बीच द्वंद्व चलता था।

एक बच्चे के हाथ में दो रुपए का नोट आने पर जब बाकी तीन बच्चे उससे अपना हिस्सा माँगते थे, तब वह नव-धनाढ्य पूँजीवादी एक प्रोफेशनल वकील की तरह जिरह करता था:

वादी पक्ष कहता है: नानी दो रुपए दे गई हैं, हम चार लोग हैं तो सबको अठन्नी-अठन्नी मिलनी ही चाहिए।

प्रतिवादी पक्ष कहता है: क्या नानी ने दो रुपए देते समय यह कहा था कि सब लोग बाँट लेना? वह तो मेरे हाथ में जबरदस्ती पकड़ा गई थी। अतः इस पूरी रकम पर मेरा ही अधिकार है।

वादी पक्ष का एक सदस्य कहता है: जब ताऊजी मुझे एक रुपया दे गए थे, तो तब मैंने तुमको चवन्नी नहीं दी थी?

प्रतिवादी पक्ष कहता है: चलो, तुम तीनों को मैं चवन्नी-चवन्नी दे दूँगा।

कानून व्यवस्था बिगड़ जाती है। भाई-बहन मारपीट पर उतर आते हैं। बैठक के कमरे में संसद या न्यूज़ चैनलों के न्यूज़ रूम की तरह अफरा-तफरी का माहौल व्याप्त हो जाता है। तभी मुख्य न्यायाधीश अर्थात ईजा कमरे में प्रवेश करती हैं। प्रतिवादी पक्ष के दो रुपए जब्त किए जाते हैं।

उस दिन डिनर में मटर पनीर बनता है। ईजा सबकी कटोरियों में बराबर-बराबर पनीर के टुकड़े डालकर समाजवाद स्थापित करती हैं।

चटकारे लेने के बाद पूँजीवाद का प्रणेता मायूस होकर सो गया है। उसके बस्ते में गणित के टेस्ट में मिले कम अंकों वाली कॉपी न होती, तो शायद विरोध के मुखर स्वर सुनाई देते।

# 8.

# पत्नी के संग ड्राइविंग का मज़ा

आपके घर में पति-पत्नी के बीच में बहस के जितने मुद्दे होते होंगे, हमारे यहाँ उससे एक मुद्दा अधिक रहता है। वह मुद्दा है मेरा ड्राइव करके पहाड़ी क्षेत्रों में जाना। अगर रास्ते में पहाड़ी सड़कें न हों तो पत्नी निश्चिंत होकर मुझे ड्राइव करके यूक्रेन, फिलिस्तीन या सीरिया की यात्रा में तक खुशी-खुशी जाने की अनुमति दे सकती हैं। किंतु जब मैं कहता हूँ कि मैं ड्राइव करके किसी पहाड़ी क्षेत्र में जा रहा हूँ, तो हमारे घर में 'महाभारत' का मंचन होने लगता है।

एक बार जब पत्नी ने अखबार में राशिफल पढ़ते समय बताया कि आने वाले सप्ताह के लिए धनु राशि और सिंह राशि वालों के लिए सारे ग्रह-नक्षत्र अनुकूल हैं। और दिनों की भाँति आज मैंने ऐसा नहीं कहा कि ये सब फालतू बातें होती हैं। आज मैंने कहा, "अरे वाह! यह तो तुमने बहुत अच्छी बात बताई कि आने वाला सप्ताह हम दोनों के लिए बहुत शुभ है।" इसके बाद मैंने पत्नी के भाई की तारीफ़ की। और इसके बाद मैंने अपनी बहन की बुराई की। और इस तरह मैंने ग्रह-नक्षत्रों को और भी अधिक अनुकूल बना दिया। फिर इस स्वर्णिम मुहूर्त में मैंने पत्नी से कहा, "चलो,

इस बार ड्राइव करके नैनीताल चलते हैं। तुम्हारा भी कुछ चेंज हो जाएगा।" पत्नी मेरे इस प्रस्ताव को मेरी निस्वार्थ भावना समझ बैठीं।

पत्नी ने गाड़ी में बैठकर हनुमान चालीसा का पाठ किया। इसके बाद मैंने माहौल को कुछ हल्का-फुल्का बनाने के लिए पत्नी को कुछ पुरानी यादें ताज़ा कराईं। मैंने उन्हें बताया कि कैसे एक बार वह गाड़ी में हैंड ब्रेक लगे-लगे बेटे को स्कूल से ले आई थीं। अगले दिन हमें ब्रेक शू, ब्रेक पैड, ब्रेक ड्रम इत्यादि न जाने क्या-क्या पुर्जों की रिपेयरिंग करानी पड़ गई थी। साथ ही मैंने पत्नी को यह भी बताया कि कैसे एक बार सड़क पर सामने गाय के आ जाने पर पत्नी ड्राइविंग करते समय हॉर्न मारने के बजाय "हट-हट" कह रही थीं। लगे हाथ मैंने पत्नी को यह भी याद दिला दिया कि किस तरह एक बार पोर्च में गाड़ी पार्क करते समय उन्होंने तीन गमले तोड़ दिए थे।

मुझे पत्नी की एक बात बहुत अच्छी लगती है। मेरे ड्राइव करते समय वह मेरी किसी भी बात पर बहस नहीं करती हैं। केवल उन बातों को नोट कर लेती हैं। घर पहुँचने के बाद ही वह कायदे से मेरी आरती उतारती हैं। और वैसे पत्नी की जो गलतियाँ अभी मैंने बताई हैं, उन्हें पत्नी को बताने का उद्देश्य उनको शर्मिंदा करना नहीं था। वरन् इसका उद्देश्य था कि पत्नी मुझे यात्रा के दौरान मेरी ड्राइविंग स्किल के कारण शर्मिंदा न करें। पत्नी तो कैब और टैक्सी ड्राइवरों को तक इतना अधिक ज्ञान दे चुकी हैं कि कभी-कभी तो मुझे लगता है कि वे गुस्से में हमारी किडनैपिंग ही न कर दें।

लखनऊ से काठगोदाम तक का सफर अपेक्षाकृत शांतिपूर्ण तरीके से गुज़रा। बीच-बीच में पत्नी ने कुछ असंभव-सी इच्छाएँ

जाहिर कीं। मसलन उनका कहना था कि सब लोगों को अपनी लेन में चलना चाहिए और जब लेन बदलें तो उन्हें इंडिकेटर देना चाहिए। ओवरटेक करते समय हॉर्न ज़रूर देना चाहिए तथा मुड़ते समय इंडिकेटर का प्रयोग करना चाहिए जैसी अकल्पनीय बातें भी पत्नी कर रही थीं। भारत की सड़कों पर भला ऐसा होता है कभी!

काठगोदाम के बाद जैसे ही हम पहाड़ी क्षेत्र में दाखिल हुए, पत्नी ने पुनः सारे वैश्विक तथा क्षेत्रीय आराध्यों के नाम लेने शुरू कर दिए। रास्ते पर मिलने वाले हर छोटे-बड़े मंदिर में पत्नी अपना सिर झुका देती थीं और ईश्वर से आशीर्वाद माँगती थीं। एक जगह तो धार्मिक मोमेंटम बना होने के कारण पत्नी ने एक नारंगी रंग से रंगे चाय के ढाबे में भी सिर झुका दिया। रास्तों के किनारे कोई घाटी जितनी गहरी होती, पत्नी की प्रार्थना की ध्वनि उतनी ही ऊँची होने लगती।

बहुत गहरी घाटी देखने पर पत्नी अपनी सीट पर कुछ सेंटीमीटर दूसरी तरफ खिसक जाती हैं ताकि घाटी में गिरने से बचा जा सके। मैं पत्नी को समझाना चाह रहा था कि यदि सौ फीट गहरी खाई में गाड़ी गिरे तो व्यक्ति मर जाता है और अगर पाँच हजार फीट गहरी खाई में गिरे तो भी वह मर जाता है, तो तुम इन दोनों गहराइयों में इतना भेदभाव क्यों कर रही हो। फिर पता नहीं क्या सोचकर मैंने पत्नी को यह ज्ञान की बात नहीं बताई।

शहर में ड्राइविंग करते समय पत्नी मुझे प्रति किलोमीटर एक हिदायत देती हैं पर पहाड़ों में प्रति मोड़ एक! मात्र पैंतीस किलोमीटर की काठगोदाम-नैनीताल यात्रा में साढ़े तीन सौ मोड़ हैं। साढ़े तीन सौ हिदायतें। "चला जाता हूँ किसी की धुन में..." गाना बजने पर पत्नी कहती हैं, "आप किसी की धुन में मत चलिए, सड़क को

देखकर चलिए।" "आज फिर जीने की तमन्ना है, आज फिर मरने का इरादा है..." के बाद पत्नी कहती हैं, "अरे, लता दीदी! शुभ-शुभ बोलिए।" "ज़िंदगी एक सफर है सुहाना" गाने में "मौत आनी है, आएगी एक दिन" वाली पंक्ति से पहले ही पत्नी ने म्यूजिक सिस्टम ऑफ कर दिया।

शहरी क्षेत्र के हाईवे में साठ किलोमीटर प्रति घंटा की स्पीड से अधिक पर पत्नी बोलने लग जाती हैं, "आज आपको क्या हो गया है? इतना तेज़ क्यों चला रहे हैं?" और पहाड़ों में बीस के ऊपर वह बोलने लग जाती हैं, "आप तो हद ही कर रहे हैं।" क्या बीती होगी मेरे दिल में जब भेड़-बकरियाँ मुझे ओवरटेक करने लगीं। आज मुझे पिताजी बहुत याद आ रहे थे, जो मुझे केवल गलती करने पर डाँटते थे। मेरे आस-पास उछलते-कूदते बंदर जब अपनी भाषा में कुछ बात कर रहे थे, तो मुझे लग रहा था कि शायद वे कह रहे हैं, "और करो शादी।"

नैनीताल जाते समय पूरी घाटी भयंकर कोहरे से भरी हुई थी। घने कोहरे को देखकर पत्नी मुझे और भी अधिक एहतियात बरतने को कहने लगीं। मैं और भी अधिक एहतियात क्या बरत पाता। मैं जिस रफ्तार से गाड़ी चला रहा था, उससे अधिक एहतियात का अर्थ होता गाड़ी को किनारे खड़ी कर देना। और वैसे भी कोहरा घाटी में था और जब पत्नी सड़क पर तक मुझे गाड़ी सही से नहीं चलाने दे रही थीं, तो मैं क्या ही घाटी में गाड़ी चलाता।

अगले दिन हम लोगों ने नैनीताल में जमकर बोटिंग की। हम लोगों ने लाइफ जैकेट पहनी थी। फिर भी पत्नी ने हिदायत दी कि हम पैडल बोट सावधानी से चलाएँ। पत्नी का कहना था कि कुछ स्थानों पर झील छह सौ फीट तक गहरी है। मैं पत्नी को कहना

चाह रहा था कि छह फीट पर भी डूबने से इंसान मर जाएगा और छह सौ फीट पर भी, तो क्या फर्क पड़ता है। फिर पता नहीं क्या सोचकर मैंने पत्नी को यह ज्ञान की बात नहीं बताई।

पत्नी ने नैनीताल से काठगोदाम लौटते समय भी नाक में पर्याप्त दम कर दिया था। किंतु मैं झल्लाया नहीं। क्योंकि अब मुझे कुछ समय बाद ड्राइव करके गढ़वाल क्षेत्र के चार धामों की यात्रा में भी जाना है। उल्टे मैंने पत्नी से कहा कि तुम मेरी ज़िंदगी की तेज़ रफ्तार में एक स्पीड ब्रेकर की तरह अहमियत रखती हो। यह वाक्य बोलने के बाद मुझे और पत्नी दोनों को ही समझ में नहीं आया कि यह पत्नी की तारीफ़ है या बुराई।

# 9.

# और मैंने ई-रिक्शा खरीदा

तब मेरे पास ऑल्टो कार थी। बहुत सजीली कार। इतनी सजीली जैसे विवाह से पूर्व प्रेमी और विवाह उपरांत तीन दिनों तक प्रेमिकाएँ रहती हैं।

फिर एक दिन घर में हँसी-ख़ुशी के माहौल के बीच मेरे परिवार के 'जेन ज़ीयों' ने मेरा घेराव किया और बोले: "अरे पापा... चाचा... मामा... अब नई गाड़ी ले ही लीजिए।"

तो फिर मैंने खरीदी क्रेटा गाड़ी। लेकिन मैं खरीदना भूल गया इस गाड़ी के संग एक अनिवार्य एक्सेसरी और वो है सड़क!

ख़ैर, मैं क्रेटा खरीदने के तीन दिन के बाद इस पर सवार होकर ख़रीदारी के लिए गया अमीनाबाद। लखनऊ से अनजान लोगों को बता दूँ कि अमीनाबाद वह जगह है जहाँ सड़कों पर इस क़दर वाहनों का ताँता लगा रहता है कि कई बार सड़क पार करने के लिए मैंने चूहों को भी सड़क के किनारे दस-दस मिनट तक इंतज़ार करते देखा है।

किसी गाड़ी का अमीनाबाद से निकलना और अभिमन्यु का चक्रव्यूह से निकलना लगभग एक समान दुष्कर है।

इस सड़क में मेरी नई नवेली कार एक नई नवेली सजी-धजी उस ब्याहता की तरह थी जिससे रास्ते पर चलते समय लंपट और रसिक युवक सायास टकराने का प्रयास करते हैं। अगल-बगल चल रहे ई-रिक्शा, टैंपो और बाईकों के बीच अपनी नई नवेली कार को चलाते समय मुझे ग्लानि हो रही थी - इसकी अस्मिता की रक्षा न कर पाने की।

अमीनाबाद से लौटकर घर के जिन 'जेन ज़ीयों' ने मुझे उत्साहित करके क्रेटा खरीदने पर मजबूर किया था, उनसे बदला लेने का मैं कोई अच्छा अवसर ढूँढने लगा। फिर एक दिन यह शुभ अवसर आ ही गया। एक फैमिली फ़ंक्शन के दौरान मैंने इन बच्चों को अपने सामने बिठाया और सारे रिश्तेदारों के सामने इनसे उन्नीस का पहाड़ा सुनाने को कहा। नाइनटीन थ्रीज़ा... के आगे कोई भी नहीं बढ़ पाया।

वैसे लखनऊ की और बाकी सड़कों का हाल भी कुछ बहुत ज़्यादा अच्छा नहीं है। जब भी कभी मैं ड्राइव करने के उपरांत घर लौटता हूँ और मेरे चेहरे पर ख़ुशी दिखती है तो पत्नी समझ जाती हैं कि आज मुझे गाड़ी में थर्ड गियर लगाने का भी अवसर मिल गया होगा। कभी-कभी ऐसा भी होता है कि जब मैं घर से लगभग एक-दो किलोमीटर दूर कुछ सामान ख़रीदने के लिए कार से जाता हूँ तो मुझे बाज़ार में निकटतम उपलब्ध पार्किंग अपने घर पर ही मिल पाती है।

समाज द्वारा बहिष्कार से बचने के लिए मैंने कार तो ले ली, किंतु मैं अपने शहर की सड़कों में इसका बिल्कुल भी उपयोग नहीं

कर पा रहा हूँ। छोटे-मोटे कामों के लिए तथा जाम की समस्या से बचने के लिए पत्नी बहुत समय से कह रही थीं कि मैं एक स्कूटर ले लूँ। लेकिन स्कूटर चलाते समय मुझे डर लगा ही रहेगा उन नौजवान चालकों का जो मानव विकास क्रम में अभी बंदरों से विकसित होकर पूरी तरह से इंसान नहीं बन पाए हैं। ये इस क़दर गाड़ी चलाते हैं कि सड़क पर सबसे सुरक्षित जगह बगल वाली नाली लगने लगती है।

उपरोक्त समस्याओं को ध्यान में रखते हुए मैंने एक ई-रिक्शा ख़रीद लिया है। आसानी से बाज़ार जाकर सामान ख़रीद पाता हूँ। आते-जाते एक-दो सवारियों को भी मैं इसमें बिठा लेता हूँ, जिससे कुछ अतिरिक्त आय भी हो जाती है। अब मैं इस ई-रिक्शा को ओला और उबर पर भी रजिस्टर करवा दूँगा। घर में आए मेहमान जब ओला-उबर में कोई ऑटो सर्च कर रहे होंगे तो उन्हें निकटतम उपलब्ध टैक्सी वाला सामने सोफ़ा पर ही बैठा समोसा खाता नज़र आ रहा होगा।

# 10.

# मेरी पहली विदेश यात्रा

लगभग दो वर्ष पुरानी बात है। दिवाली में घर का कबाड़ बेचा गया और उसमें 980 रुपये मिले। दो दिनों तक हम पति-पत्नी इस मुद्दे पर उलझे रहे कि इन पैसों में हम दोनों में से किसका हक़ है। तीसरे दिन इसका हल निकल आया। इन पैसों में पाँच लाख रुपये और मिलाकर हम पति-पत्नी यूरोप की पंद्रह दिवस की यात्रा पर निकल गए।

अति साधारण होने के बावजूद किसी दैवीय सॉफ़्टवेयर में आए ग्लिच के कारण हम इतने सक्षम हैं कि साल-दो साल में एक बार विदेश यात्रा कर सकते हैं। परंतु विशुद्ध देसी प्रकृति के होने के कारण हमें स्विट्ज़रलैंड के किसी पंचतारा होटल से ज़्यादा कौसानी में स्थित कोई गाँव अधिक भाता है। तो फिर भी हम बहुत मन न करने पर भी विदेश यात्रा पर गए तो इसके पीछे कुछ मजबूरियाँ निहित थीं।

विदेश यात्रा पर जाने का पहला कारण था कि हम पति-पत्नी का पिछला पासपोर्ट बिना एक भी वीज़ा के ठप्पे लगे हुए चल बसा था। इस पासपोर्ट के हर पन्ने नेताओं द्वारा किए गए वादों

की तरह खाली-खाली ही रह गए। हमारा नया पासपोर्ट भी जीवन की सांध्य बेला पर पहुँच चुका था। हमें यह डर था कि अगर यह पासपोर्ट भी कुँवारा चल बसेगा तो कहीं पासपोर्ट अधिकारी हमें डाँटते हुए कह न दें —

"आप कहीं विदेश यात्रा में जाते तो हैं नहीं, फिर पासपोर्ट बनवाकर अपना और हमारा समय क्यों बर्बाद करते हैं?"

तो पासपोर्ट अधिकारी के सामने अपनी इज़्ज़त बनाए रखने के लिए हमें यह विदेश यात्रा करनी ही करनी थी।

विदेश यात्रा का दूसरा कारण स्वार्थपरक था। मैं यदा-कदा कवि सम्मेलनों में काव्य पाठ करता हूँ। यहाँ मैंने देखा है कि कोई कवि मंच पर भले ही कविता सुनाए या न सुनाए, लेकिन वह अवश्य यह बात सुना देता है कि वह कई देशों में काव्य पाठ कर चुका है। ऐसी बातें सुनकर मुझे लघुता का अनुभव होता है। तो मैंने सोचा कि जब मैं यूरोप की पंद्रह दिन की यात्रा पर जाऊँगा तो पत्नी को हवाई जहाज़, ट्रेन तथा टैक्सी में हर समय कविता ही सुनाता रहूँगा। वहाँ हम कई देशों से गुज़रेंगे। तो इस तरह वापस आकर मैं भी काव्य मंचों पर पूरे आत्मविश्वास से कह पाऊँगा कि मैं अनेक देशों में काव्य पाठ कर चुका हूँ।

हमारी विदेश यात्रा का तीसरा कारण स्वाभिमान से जुड़ा हुआ था। जब भी कभी अख़बार में या टीवी पर मैं लोगों को बताते हुए देखता हूँ कि कौसानी भारत का स्विट्ज़रलैंड है, तो मुझे हीनता का अनुभव होता है। भारत में कोई चीज़ बहुत अच्छी है, इसको सही साबित करने के लिए हमें इसकी तुलना किसी विदेशी अच्छी चीज़ से करनी ही पड़ जाती है। यह हमारी गुलामी की मानसिकता है। तो मैंने सोचा था कि मैं स्विट्ज़रलैंड जाऊँगा और फिर फ़ेसबुक

और इंस्टाग्राम पर पोस्ट डालूँगा कि यह देखिए — यह है स्विट्ज़रलैंड और यह यूरोप का कौसानी कहलाता है!

मेरी विदेश यात्रा का चौथा और सबसे बड़ा कारण बहुत ही कॉमन सा था — किसी महफ़िल में यह दिखाना कि मैं बहुत समर्थ और सक्षम व्यक्ति हूँ। आपको मालूम ही है कि आजकल लोग बौद्धिक खोखलेपन को ढकने के लिए अपने स्टेटस के पर्दों का प्रयोग करते हैं। मुझे भी यह पर्दा चाहिए था। इसलिए मैं विदेश यात्रा पर गया। अब चार लोग कहीं पर भी मिलते हैं तो मैं और मेरी पत्नी येने-केन-प्रकारेण अपनी विदेश यात्रा का ज़िक्र कर ही देते हैं। उदाहरण के लिए कभी मैं कह देता हूँ —

"अरे, यहाँ के मच्छर तो कुछ भी नहीं, जर्मनी में हमने मच्छर देखे - मक्खी के बराबर बड़े थे।"

या पत्नी अक्सर कह देती हैं — "हमारी यूरोप यात्रा से पहले चंपा टाइम पर झाड़ू-पोछा करने आ जाती थी, अब पता नहीं उसे क्या हो गया।"

दो साल हो चुके हैं, लेकिन हमारे मन-मस्तिष्क में उस यूरोप यात्रा का रोमांच अभी तक बरकरार है।

हमें याद है इंदिरा गांधी एयरपोर्ट से ब्रिटिश एयरवेज़ के प्लेन में बैठना... एरोप्लेन में किसी तकनीकी कारण से टेकऑफ़ होने में विलंब होना... फिर मेरा अपने इंजीनियर बेटे से फ़ोन पर पूछना कि टेकऑफ़ में विलंब का क्या कारण हो सकता है... फिर बेटे का बताना कि पापा, आपने शायद फ़ेसबुक में अभी तक नहीं लिखा है —"ट्रैवलिंग फ्रॉम न्यू डेल्ही टू हीथ्रो एयरपोर्ट..." फिर मेरा फ़ेसबुक में स्टेटस डालना... और फिर हवाई जहाज़ का हवा से बातें करना... सब अभी तक ताज़ा-ताज़ा सा लगता है।

(नोट : यात्रा से लौटते समय नई दिल्ली एयरपोर्ट से होटल तक टैक्सी का बिल 965 रुपये आया था। हमने टैक्सी वाले को 15 रुपये टिप दिए और इस तरह कबाड़ बेचने से जो 980 रुपये मिले थे, उनका हम पति-पत्नी में बराबर बँटवारा हो पाया था।)

# 11.

# मेरी अस्पताल यात्रा

उस दिन जब मैं सुबह उठा तो सब कुछ सामान्य था, परंतु नाश्ता करने के बाद सीने और पेट में असहनीय दर्द होने लगा। घंटों उबकाई आती रही। मेरे मना करने के बावजूद दोपहर में पत्नी ज़बरदस्ती अस्पताल ले गई। अल्ट्रासाउंड हुआ। गॉलब्लैडर के मुख पर स्टोन आ चुका था। अगर तुरंत ऑपरेशन न हुआ होता, तो पैंक्रियास को भी नुकसान पहुँच सकता था। दस और बारह मिलीमीटर के दो स्टोन निकले। डॉक्टर साहब ने कहा कि सही समय पर आ गए, अन्यथा गड़बड़ हो सकती थी।

ऑपरेशन के बाद कई दिनों तक मैंने उपरोक्त पैराग्राफ को मेरा हाल जानने आए शुभचिंतकों से इतनी बार बोला कि यह मुझे रट-सा गया है। ऑपरेशन के दौरान लगे टांके मुझे इतनी तकलीफ़ नहीं दे रहे थे, जितनी तकलीफ़ मुझे घर पर आने वाले प्रत्येक व्यक्ति के सामने इस पैराग्राफ को दोहराने में हो रही थी।

ईश्वर न करे किसी व्यक्ति को अस्पताल जाना पड़े, परंतु अगर ऐसी स्थिति आए, तो मेरे विचार से उस व्यक्ति और उसके घर वालों को व्यक्तिगत अनुभव के आधार पर एक सलाह देना चाहूँगा।

अस्पताल में मरीज़ के ख़तरे से बाहर आने के बाद उसके घर के समझदार सदस्यों को—'मेरी अस्पताल यात्रा' नाम से एक व्हाट्सएप ग्रुप बना लेना चाहिए। सभी परिचित लोगों को इस ग्रुप में शामिल करना चाहिए। इस ग्रुप में मरीज़ की मेडिकल हिस्ट्री से लेकर उसके अस्पताल में हुए इलाज तक का वर्णन करते हुए एक विस्तृत पोस्ट लिखनी चाहिए। अगर यह पोस्ट वीडियो फ़ॉर्मे में हो, तो और भी अच्छा है। किसी लाइफस्टाइल ब्लॉगर से इस कार्य के लिए मदद भी ली जा सकती है।

'मरीज़ का हाल पूछने जा रहे प्रत्येक शुभचिंतक के लिए अपने घर से निकलने से पहले व्हाट्सएप पर भेजी गई इस पोस्ट को देखना अनिवार्य है' —ऐसा स्पष्ट दिशा-निर्देश जारी होना चाहिए। अस्पताल में मिलने आ रहे शुभचिंतकों के लिए तो इस पोस्ट को पढ़कर आना गेट-पास की तरह अनिवार्य होना चाहिए।

ऐसा देखा गया है कि मरीज़ और उसके घर वाले शुरुआत में मिलने आने वाले शुभचिंतकों को तो उत्साहपूर्वक विस्तार से सभी जानकारी देते हैं, परंतु बाद में आने वालों को एक ही बात बार-बार दोहराने के कारण बहुत ऊब जाते हैं और कुछ महत्वपूर्ण जानकारियाँ इग्नोर कर देते हैं। जैसे मैंने स्वयं अपने ऑपरेशन के दौरान ही देखा कि पत्नी शुरुआत में मिलने आ रहे लोगों को तो बहुत उत्साह से बता रही थीं—"इन्होंने तो उस दिन सुबह मक्खन लगे आलू के दो पराँठे भी खाए थे"—लेकिन बाद में मिलने आने वाले शुभचिंतकों को पत्नी जानकारी देते समय पराँठों में मक्खन लगाना ही भूल जा रही थीं। सूचना के अधिकार के तहत सभी शुभचिंतकों को पूरी तथा सही-सही जानकारी मिले, इसके लिए व्हाट्सएप पोस्ट के साथ 'प्रायः पूछे जाने वाले प्रश्न' (FAQ) भी

संलग्न होना चाहिए, जिसमें शुभचिंतकों द्वारा पूछे जा सकने वाले समस्त प्रश्नों के स्पष्ट उत्तर दिए गए हों।

उदाहरण के लिए FAQ के कुछ प्रश्नों और उनके उत्तरों को देखिए—

FAQ #7: क्या शुभचिंतक मरीज़ से औपचारिकतावश कह सकते हैं, "अरे भाई साहब, आपने हमको अपना नहीं समझा, आपने हमको पहले क्यों नहीं बताया?"

उत्तर: हाँ, शुभचिंतक ऐसा कह सकते हैं, और ऐसा कहने के बाद उनकी भावनाओं को सम्मान देने के लिए उन्हें इलाज के खर्च का 10% वहन करने का या मरीज की तीन दिनों तक डे केयर का सौभाग्य मिलेगा।

FAQ का एक अन्य प्रश्न और उसका उत्तर—

FAQ #22: क्या शुभचिंतक व्हाट्सएप पोस्ट में दी गई जानकारी के अतिरिक्त भी कोई जानकारी मरीज़ या उसके परिवार के सदस्यों से पूछ सकता है?

उत्तर: हाँ, शुभचिंतक ऐसे प्रश्न पूछ सकता है, बशर्ते वह मरीज़ से मिलने के लिए ड्राई फ्रूट्स लेकर गया हो। (नोट: मखाने हल्के होने के कारण सौ ग्राम में भी बहुत चढ़ते हैं। अतः ये ड्राई फ्रूट्स की श्रेणी में तभी मान्य होंगे, जब कम से कम आधा किलो हों)

इस व्हाट्सएप ग्रुप में डाले गए पोस्ट में साफ़-साफ़ लिखा हो कि आप जब मरीज़ को मूँग की खिचड़ी खाते हुए देखें, तो आपको बोलना चाहिए कि आप भी अभी-अभी मूँग की खिचड़ी ही खाकर आए हैं, भले ही आप पनीर बटर मसाला विद गार्लिक नान ही खा कर क्यों न आए हों। ऐसा सुनकर मरीज़ का मनोबल बढ़ेगा,

क्योंकि उसे अपनी और आपकी स्थिति में कोई खास अंतर नहीं लगेगा।

"हमारे एक मित्र को भी यही आपकी जैसी दिक्कत थी और ऑपरेशन के तीन महीने बाद वो चल बसे" जैसी बातें कहने वाले या पोस्ट लिखने वाले सज्जनों को एडमिन द्वारा ब्लॉक कर दिया जाना चाहिए!

शुभचिंतक जब मरीज़ से मिलने आते हैं, तो वे आमतौर पर फल लाते हैं, लेकिन अक्सर बहुत-से शुभचिंतक एक ही किस्म के फल ले आते हैं। कभी-कभी तो ऐसा देखा गया है कि दस लोग मिलने आए और सभी केले या सभी सेब ले आए। इस मिस-मैनेजमेंट की वजह से मरीज़ के घर वाले मिक्स्ड फ्रूट चाट का आनंद नहीं ले पाते हैं। इस समस्या से निजात पाने के लिए इस व्हाट्सएप ग्रुप में सभी शुभचिंतकों द्वारा लाए गए फलों की जानकारी भी अपडेट की जाती रहनी चाहिए, ताकि लोग अलग-अलग किस्म के फल लाएँ। अपने लाए हुए फलों का व्हाट्सएप ग्रुप में उल्लेख मिलने के कारण शुभचिंतक महँगे 'एग्ज़ॉटिक फल' लाने के लिए प्रोत्साहित भी होंगे।

मुझे उम्मीद है कि 'मेरी अस्पताल यात्रा' नाम के व्हाट्सएप ग्रुप बनाने से सभी मरीज़ों और उनके घर वालों को बेहद राहत मिलेगी। उनका बहुत सारा समय बचेगा और क्योंकि मरीज़ को दुआ की ही नहीं दवा की भी ज़रूरत होती है, अतः इस ग्रुप के बन जाने से अब परिवार के सदस्यों को मरीज़ को दवा खिलाने का समय भी मिल जाएगा। इस व्हाट्सएप ग्रुप के बनने के बाद जो समय वे कष्टप्रद फ़्लैशबैक में जाने में लगा रहे थे, उतना समय वे शुभचिंतकों के साथ "सुना है शर्मा जी की लड़की ने भाग कर

शादी कर ली है...” जैसे महत्वपूर्ण विषयों पर चर्चा करने में लगाएंगे!

# 12.

# मेरी जिम यात्रा

31 दिसंबर की रात 11:55 पर हर तरफ़ से हो... हो... हो... हो... की आवाज़ आ रही थी। ऐसा लग रहा था मानो नव वर्ष कहीं फँस गया हो और ऐसी आवाज़ लगाकर उसे निकाला जा रहा हो। बहरहाल, स्वयं को आउटडेटेड पाए जाने के ख़तरे से बचने के लिए मैंने भी हो... हो... हो... हो... किया। मेरे अंग-प्रत्यंग में एक अलग ही जोश था। बाद में बेटे ने बताया कि पापा, इसे ही एड्रेनालाईन और डोपामाइन रश कहते हैं। बहरहाल, इस परम जोश की अवस्था में मैं वह कह बैठा जिसका परिणाम मुझे वर्ष भर भुगतना पड़ा।

पत्नी और बेटे के सामने बहुत तेज़ आवाज़ में मैं संकल्प ले बैठा: "कल से मैं सुबह-सुबह नियमित जिम जाया करूँगा।"

मेरे इस संकल्प के बाद बीत गई शीत ऋतु, फिर आई और गई बसंत, ग्रीष्म, वर्षा और शरद ऋतुएँ, और फिर से आ पहुँची शीत ऋतु... और मैं अपने आलस के महायज्ञ में "कल से जिम अवश्य जाऊँगा" की आहुति देता रहा।

प्रारंभ में पत्नी ताने मारती रही, किंतु एक बात मैंने नोट की है कि यदि आप शुरुआत में पत्नी के तानों को सहने लायक मोटी

चमड़ी बना लें, तो उसके बाद ये ताने, ताने नहीं लगते बल्कि समाचार जैसे प्रतीत होने लगते हैं। अपने तानों को बे-असर होता देख पत्नी ने फिर साउंड इफ़ेक्ट का प्रयोग करना शुरू किया। अब वह सुबह-सुबह बर्तनों की टोकरी से चाय के बर्तन को जब निकालती हैं, तो बादलों की गड़गड़ाहट-सी आवाज़ आती है। उनके अदरक कूटने की आवाज़ एक्शन मूवी में किसी खलनायक से बदला लेने के लिए तलवार हाथ में लेकर चली जा रही किसी घुड़सवार वीरांगना के घोड़े की टाप से मेल खाती है। "सुनिए, चाय पी लीजिए" शब्द सुने हुए अरसा हो गया है। अब तो वह चाय की ट्रे मेरे बगल में ऐसे पटक देती हैं जैसे पटक देता है रिश्वत न मिलने पर एक सरकारी बाबू आम आदमी की फ़ाइल को।

जब पत्नी ने देखा कि उनके सारे अस्त्र-शस्त्रों ने काम करना बंद कर दिया है, तो एक दिन सुबह-सुबह पाँच बजे पत्नी तैयार होकर घर से निकल गईं। मैं इस उम्मीद में था कि शायद मुझसे नाराज़ होकर मायके चली गई हों, परंतु वह गई थीं हमारी सोसाइटी के जिम में। और तब मिली मेरे 'पुरुषत्व' को चुनौती!

अगले दिन, अर्थात 15 दिसंबर को, मैं भी सुबह-सुबह पहुँचा जिम के अंदर। वहाँ बीसियों तरह की मशीनें थीं, लेकिन मैं उनमें बस ट्रेडमिल को पहचान पाया, जिसको मैंने एक फ़िल्म में देखा था, जिसमें हीरो खलनायक को ट्रेडमिल में खड़ा करके फिर इसे फुल स्पीड में चलाकर उसको प्रताड़ित करता है। बहरहाल, मैंने जिम इंस्ट्रक्टर से सभी मशीनों को प्रयोग करने का तरीका और उनसे होने वाले फ़ायदों के बारे में जाना।

“यह बाइसेप्स के लिए है... इससे ट्राइसेप्स मज़बूत होती हैं... और यह देखिए, इससे क्वाड्रिसेप्स स्ट्रॉन्ग होती हैं... हैमस्ट्रिंग और ग्लूट्स के लिए वह मशीन है...”

इंस्ट्रक्टर के यह सब बताने के बाद मैंने एक कोने पर बैठकर सबसे पहले गूगल ब्राउज़ करके यह जाना कि इंस्ट्रक्टर ने जो भी नाम बताए थे, वे अंग शरीर में किस-किस जगह पर स्थित होते हैं। इसके बाद मैंने पाँच मिनट ट्रेडमिल और तीन मिनट एक अन्य मशीन पर एक्सरसाइज़ की। इस मशीन में 27 किलो पर ‘स्टैक पिन’ को फ़िक्स किया और तीन मिनट तक जमकर एक्सरसाइज़ की। और जब इस मशीन को छोड़कर मैं जिम से बाहर की तरफ़ निकलने लगा, तो 27 किलो पर जो पिन लगी थी, उस पिन को मैंने 116 किलो पर लगा दिया। उसके बाद एक ‘मस्क्युलर लड़का’ उस मशीन पर वर्कआउट करने के लिए गया...उसने पिन को 116 किलो पर देखा... और उसके बाद उसने देखा मेरी तरफ़—बहुत ही आश्चर्य और इज़्ज़त की नज़रों से!

फिर जिम के बाहर स्विमिंग पूल के आसपास लगी कुर्सियों में मैं आधे घंटे तक बैठा, मोबाइल में ढेर सारी रील्स देखीं और फिर घर आकर पत्नी को बताया कि आज मैं 40 मिनट तक जिम में जमकर एक्सरसाइज़ करके आया हूँ। पत्नी अपने खुशी के आँसू रोकते हुए मुस्कुराईं और बोलीं, “सुनिए, आप हाथ मुँह धो लीजिए, मैं चाय और आलू-मूली के पराठे ले आती हूँ।”

# 13.

# जब मैंने मेडिटेशन किया

अल्मोड़ा में स्थित कसारदेवी नामक स्थान उत्तराखंड का एक अत्यंत शांत, सुंदर और आध्यात्मिक महत्व वाला स्थान है। इस क्षेत्र की सबसे ऊँची चोटी पर माँ कसारदेवी और भोलेनाथ का भव्य मंदिर है। चीड़ और बाँज के वृक्षों से आच्छादित यह क्षेत्र अपनी प्राकृतिक शांति, स्वच्छ वातावरण और मन को सुकून देने वाले दृश्यों के लिए प्रसिद्ध है।

मंदिर से थोड़ा नीचे उतरने पर बड़ी-बड़ी चट्टानें घाटी की तरफ निकली हैं। इन चट्टानों पर खड़े होकर लोग फेसबुक और इंस्टाग्राम को समृद्ध करने के लिए फोटो खिंचवाते और रील्स बनाते मिल जाएंगे। इसके अतिरिक्त आपको हर समय बीसियों लोग इन चट्टानों पर बैठकर ध्यान लगाते हुए भी मिल जाएंगे।

इस बार मैंने भी सोचा कि मैं भी किसी चट्टान पर बैठकर मेडिटेशन करूंगा। मैंने सोचा कि मेरा ध्यान लगे न लगे, परंतु इस बहाने मुझे एक अच्छा-सा वीडियो या एक अच्छी-सी फोटो तो मिल ही जाएगी। तो मैं ध्यान लगाने बैठ गया और रैपीडो के

ड्राइवर महोदय को मैंने अपना मोबाइल दिया, हर एंगल से मेरी फोटो खींचने तथा वीडियो बनाने के लिए।

और मैं सांसारिक शोर-शराबे से बहुत दूर, भौतिकतावाद से बहुत दूर, भय अथवा अनुराग से बहुत दूर एक अलग ही दुनिया में चला गया। और ऐसा हुआ शुरुआत के लगभग पंद्रह सेकंड तक। उसके बाद मेरे मस्तिष्क में तरह-तरह के विचार आने लगे।

पहला विचार मेरे मन में यह आया कि रैपीडो ड्राइवर का वेटिंग चार्ज सौ रुपये प्रति घंटा है। और मेडिटेशन करते वक्त समय और काल का तो कोई ध्यान ही नहीं रहता। अगर ऋषि-मुनियों की तरह मैं बहुत लंबे समय तक मेडिटेशन करता रहा, तो मुझे इन ड्राइवर महोदय को न जाने कितना पैसा देना पड़े, मैं इस सोच में पड़ गया। आप सोच रहे होंगे कि यह कितना फालतू सोच रहा है। लेकिन जरा सोचिए कि क्या सोचने की भी कोई सीमा होती है?

फिर मैं यह भी सोचने लगा कि मैंने ड्राइवर महोदय को अपना हाल ही में खरीदा फोन दिया है, फोटो खींचने के लिए। पता नहीं वो सामने हैं भी या नहीं। ऐसा तो नहीं कि वह फोन लेकर यहाँ से चल दिए हों। फिर मेरे मन में यह विचार भी आया कि मैंने तो ऐप से रैपीडो बुक कराई थी, तो ये महोदय आखिर जाएंगे तो कहाँ जाएंगे। फिर मेरे मन में यह विचार भी आया कि मैंने तो अपने मोबाइल से बुकिंग कराई थी, तो अब मुझे ड्राइवर महोदय के बारे में कैसे जानकारी मिल पाएगी, जब मेरे पास वह मोबाइल ही नहीं होगा।

मेरा मन बहुत अस्थिर होने लगा। किसी दार्शनिक ने कहा भी है: “इफ कैरेक्टर इज़ लॉस्ट, समथिंग इज़ लॉस्ट; बट इफ मोबाइल इज़ लॉस्ट, एवरीथिंग इज़ लॉस्ट।” मैंने आँखें बंद किए-किए ही

ड्राइवर महोदय से पूछा, “आप वीडियोग्राफी तो कर रहे हैं न?” वहाँ से उत्तर आया, “हाँ सर, कर रहे हैं।” अब मुझे शांति मिली। लेकिन क्षणिक।

मेरे मन में यह विचार आने लगा कि “हाँ सर, कर रहे हैं” यह वाक्य ड्राइवर महोदय ने ही बोला होगा या और किसी ने। मुझसे रहा नहीं गया और मैंने आँखें खोल दीं। सामने देखा कि ड्राइवर महोदय पालथी मारकर बहुत मनोयोग से वीडियोग्राफी कर रहे हैं। मुझे अपनी सोच पर शर्म आई। और ऐसी स्थिति से उबरने के लिए व्यक्ति को मेडिटेशन करना चाहिए।

मैं फिर मेडिटेशन करने लगा। अब कुछ पलों के बाद ही मैं सोचने लगा कि जिस चट्टान पर मैं बैठा हूं, यह घाटी की तरफ निकली हुई है। चट्टान इस पहाड़ी में कितनी अंदर तक धँसी हुई है, यह तो मुझे नहीं मालूम। ऐसा तो नहीं कि यह चट्टान टूटकर नीचे गिर पड़े। मैं सिहर-सा गया। और फिर मैंने यह सोचा कि मेरा टर्म इंश्योरेंस अभी वैध है भी या नहीं। फिर मैंने यह भी सोचा कि चट्टान के टूटकर गिर जाने पर आश्रितों को क्लेम की राशि मिल जाएगी या नहीं तथा यह इंश्योरेंस कंपनी के फाइन प्रिंट्स में लिखा होगा या नहीं।

फिर मेरे मन में यह भी विचार आया कि आजकल पहाड़ में तेंदुओं (गुलदार) का बहुत खतरा रहता है। ऐसा तो नहीं कि मैं मेडिटेशन कर रहा हूँ और सामने कोई तेंदुआ आ जाए। जिनकी आँखें खुली हैं, वे तो भाग जाएंगे और मेडिटेशन करने वाले लोग ही तेंदुए के शिकार बनेंगे। और मुझे यह भी लगा कि ऐसा तो नहीं कि मैं ही अकेला यहाँ पर हूँ जो मेडिटेशन कर रहा है और

तेंदुआ मुझे ही खा ले। मैं एक बार फिर इंश्योरेंस कंपनी के बारे में सोचने लगा।

मैं फिर अपना ध्यान केंद्रित करने लगा। फिर पता नहीं कैसे मेरे दिमाग में यह बात आई कि अब इनकम टैक्स फाइल करने का समय भी हो गया है। फिर दिमाग में यह बात भी आई कि पिछले बार के इनकम टैक्स का रिफंड मुझे मिला है कि नहीं मिला है। फिर पता नहीं क्यों मैं शेयर मार्केट के बारे में सोचने लगा। फिर मैं शेयर मार्केट के डूबने के बारे में सोचने लगा। डूबने से मैं समुद्र के बारे में सोचने लगा। समुद्र से मैं गोवा के बारे में सोचने लगा। फिर मैं गोवा में एक बार जेलीफिश द्वारा मुझे डंक मारे जाने के बारे में सोचने लगा। फिर डंक के बारे में सोचने पर मैं साँप के बारे में सोचने लगा। और पता नहीं क्यों, मैं इसके बाद नेताओं के बारे में सोचने लगा। लेकिन किसी के बारे में सोचना तो मेडिटेशन के सिद्धांतों के खिलाफ है। मैंने फिर शून्य की तरफ लौटने का प्रयास किया।

फिर जब मैंने शून्य की तरफ लौटने का प्रयास किया, तो मेरा ध्यान शून्य के जनक आर्यभट्ट की तरफ चला गया। जब मैं आर्यभट्ट के बारे में सोचने लगा, तो फिर मैं भट्ट के बारे में सोचने लगा। भट्ट की दाल उत्तराखंड की एक बहुत प्रसिद्ध दाल होती है। वस्तुतः यह छोटे दाने वाला काला तथा कुछ गोल-सा सोयाबीन है। ईश्वर का लाख-लाख शुक्र है कि भट्ट से मेरे दिमाग में आलिया भट्ट नहीं आई। पिछली यात्राओं में मैंने देखा था कि इस स्थान से दो किलोमीटर आगे एक रेस्टोरेंट में भट्ट की बहुत स्वादिष्ट दाल(चुड़कानी) बनाई जाती है। तो मैं सोचने लगा कि मेडिटेशन के बाद हम इस रेस्टोरेंट में जाकर कुमाऊँनी खाना खाएंगे, जिसमें प्रमुख व्यंजन होगा भट्ट की चुड़कानी।

फिर मैंने स्वयं को कोसा—मैं मेडिटेशन कर रहा हूँ या भट्ट की दाल के बारे में सोच रहा हूँ? मैंने फिर से स्वयं को एकाग्रचित्त करना चाहा। स्वयं को सभी भौतिकतावादी विचारों से दूर रखना चाहा। और मुझे इसका फल भी मिला। धीरे-धीरे मेरा परमसत्ता से साक्षात्कार होने लगा। फिर मेरे भीतर से एक गंभीर सी आवाज आई: "वत्स, यह मेडिटेशन वाला काम तुमसे नहीं हो पाएगा!"

लगभग 13 मिनट के कठोर मेडिटेशन के बाद मैं उठा। ड्राइवर महोदय से अपना मोबाइल लिया। उसमें वीडियो और फोटो देखीं। और फिर मैंने ड्राइवर महोदय से कहा, "चलो चलते हैं, एक बढ़िया-सी जगह चुड़कानी-भात खाने।"

# 14.

# ट्रेन में लोअर बर्थ

अफसोस की बात है कि एक कन्या को बर्थ देने पर एक नारी को ताने सुनने पड़ते हैं। और विडंबना देखिए, अपने जीवन काल में सैकड़ो महिलाओं को लोअर बर्थ देकर स्वयं उनकी अपर बर्थ लेने वाला पुरुष पूरे 'कंपार्टमेंट-समाज' में बहुत सम्मान की दृष्टि से देखा जाता है।

तब मुझे लखनऊ से काठगोदाम जाना था। कई दिनों से मैं काफी खुश था। इतना अधिक खुश इसलिए नहीं था कि मुझे पहाड़ घूमने जाना है। इतना अधिक इसलिए खुश था क्योंकि मुझे लोअर बर्थ अलॉट हुई थी। आमतौर पर मुझे अपर बर्थ अलॉट हुआ करती है। कुछ लोग तो आईआरसीटीसी पर इल्जाम भी लगाते हैं कि वह इरादतन सवर्णों को अपर बर्थ एलॉट करती है। यह एक मनुवादी संस्था है, उनका कहना है। शायद सामाजिक न्याय का प्रमाण देने के लिए इस बार आईआरसीटीसी ने मुझे लोअर बर्थ अलॉट की।

लोअर बर्थ मिलने की खुशी में मैं नियत समय से एक घंटे पहले स्टेशन पहुँच गया। ट्रेन प्लेटफार्म पर लग गई थी किंतु अभी दरवाजे नहीं खुले थे। A2,33 मेरी सीट थी। छह माह पुरानी बात

है किंतु मुझे अभी तक वह सीट नंबर याद है। मेरी मिडिल या अपर सीट होती तो शायद मैं यात्रा समाप्त होने से पहले ही सीट नंबर भूल चुका होता। जैसे ही दरवाजा खुला मैं भाग कर अपनी सीट पर पहुँच गया। मैंने सीट पर चादर बिछाई और लेट गया। इस आस में कि लेटे हुए आदमी से कौन बर्थ की मांग करेगा।

हमारे टू टियर कंपार्टमेंट में मेरे बगल की लोअर बर्थ में एक बुजुर्ग व्यक्ति आए और उनके ऊपर की सीट उनके नौजवान लड़के को मिली। मेरे ठीक ऊपर एक कम उम्र के सज्जन आए। उन्होंने न मुझसे बर्थ देने को कहा और न ही मैं उनको बर्थ देता। मुझे जो बर्थ मिली है वह मेरे पास ही रहेगी इस बात की संभावना प्रबल होती जा रही थी। साइड वाली दोनों बर्थ खाली थीं। ट्रेन चल दी। मैं भी सोने का नाटक करते-करते बोर हो गया था अतः बैठ गया और मोबाइल स्क्रॉल करने लगा।

लेकिन तभी 'सिस्टम' से अत्यधिक नाखुश एक महिला का अंग्रेजी में प्रसारण सुनाई दिया। महिला आठ-दस एक्सक्यूज मी, ओ माय गॉड, शिट बोलती हुई हमारे कंपार्टमेंट में पहुंची। सब कुछ इतनी जल्दी हुआ कि मैं बर्थ में लेट कर फिर से सोने का नाटक करना तक भूल गया। वह लगभग तीस वर्ष की थी। जींस टॉप में। और उसके संग एक वृद्ध महिला भी थी। लगभग 70 साल की।

उस वृद्ध महिला के लिए नीचे वाली बर्थ उपलब्ध थी और जवान महिला ऊपर वाली बर्थ में चढ़ने में पूरी तरीके से समर्थ लग रही थी। अतः सारी नैतिकता और व्यवहारिकता को आँकने के बाद मैं इस निष्कर्ष पर पहुँचा कि कम से कम आज तो यह लोअर बर्थ मेरा बर्थ राइट है। मैं समर्थ महिलाओं को बर्थ देना

उचित नहीं समझता हूँ। अगर उन्होंने साड़ी पहनी है तो मैं इसे अपवाद के रूप में देखता हूं क्योंकि ऐसी स्थिति में ऊपर की बर्थ पर चढ़ने में उन्हें दिक्कत हो सकती है।

किंतु मैं गलत था। मुझे इस हर तरह से सक्षम महिला को अपनी बर्थ देनी पड़ी। उस महिला ने मुझसे कहा था "हैलो सर, कैन वी एक्सचेंज अवर बर्थ्स?"

मैं हमेशा सोचता था कि मैंने मनुष्य योनि में बर्थ तो लिया है, किंतु क्या मैंने ऐसे काम किए हैं कि कोई यह कहना चाहे: "काश मैं आपकी जगह ले पाता/पाती"। और आज यह महिला मेरी बर्थ को इतनी अहमियत दे रही है। अपने बर्थ को त्यागकर मेरे बर्थ की चाहत करने लगी है। मेरा बर्थ सफल हुआ, ऐसा लग रहा था।

अब मेरे पास दो विकल्प थे। पहला विकल्प था कि मैं उसे मना कर देता। परंतु इस स्थिति में नीचे अपनी बर्थ पर लेटे हुए मेरी गर गाहे-बगाहे उस महिला पर नज़र पड़ती तो वह मुझे मुँह बनाती ही नज़र आती। दूसरा विकल्प था कि मैं उसे बर्थ दे देता और ऊपर वाली बर्थ से एक परोपकारी महात्मा की तरह उसको यह जतलाता रहता कि हाँ, मैं ही वह महान पुरुष हूँ जिसके कारण तुम इस बर्थ को प्राप्त हुई हो।

बहरहाल मैंने उसको अपनी बर्थ दे दी।

अफसोस! उसने अपनी मम्मी(या शायद सास) को उस मेरे द्वारा प्रदत्त बर्थ पर सुला दिया और वह मेरे नीचे वाली बर्थ पर सो गई। अब ऊपर वाली बर्थ से झाँक कर ठीक नीचे वाली बर्थ पर सोई महिला को बीच-बीच में अपनी महानता जतलाना थोड़ा अव्यावहारिक सा लगा। अब इस आस में कि सुबह ट्रेन से उतरने

से पहले वह मुझे मेरी महानता के लिए धन्यवाद देगी, मैं सो गया।

सुबह जब काठगोदाम स्टेशन पर मेरी नींद खुली तो वह देवी मुझे नहीं दिखी। पिछले किसी स्टेशन पर उतर चुकी होगी। हो सकता है मुझे धन्यवाद देने के लिए वह बहुत देर तक मुझे निहारती रही होगी, किंतु जब उसने मुझे गहरी नींद में सोया हुआ देखा होगा तो मन ही मन मुझे धन्यवाद देती हुई उतर चुकी होगी।

कुछ दिन पूर्व टेबल टेनिस खेलते समय अचानक से मेरे पैर में असहनीय दर्द होने लगा। हड्डी रोग विशेषज्ञ को दिखाया, एक्स-रे हुआ तो टखने की हड्डी बढ़ी हुई दिखी। डॉक्टर ने मुझे इसे ऑपरेट करवाने की सलाह दी, अन्यथा इसमें अक्सर दर्द रहेगा, ऐसा उन्होंने बताया। मैं बहुत खुश हुआ। इतना खुश कि मैं आपको बता भी नहीं सकता। मैंने ऑपरेशन करवाने से साफ-साफ मना कर दिया। अब भविष्य में जब भी कभी मुझे ट्रेन में लोअर बर्थ मिलेगी और कोई महिला यदि मुझसे कहेगी, "भाई साहब, क्या आप मुझे बर्थ दे सकते हैं?", तो मैं तुरंत अपना मोबाइल खोलूंगा, उन्हें अपने टखने की एक्स-रे रिपोर्ट दिखाऊंगा और कहूंगा, "माफ कीजिएगा बहन जी, पैर में बहुत दर्द है, अन्यथा मेरा तो बर्थ ही लोगों को बर्थ देने के लिए हुआ है।"

एक सहयात्री सज्जन, जिन्हें अपनी लोअर बर्थ एक महिला को देनी पड़ी, मुझसे ट्रेन से उतरने के बाद प्लेटफार्म पर पूछने लगे, "पंत जी, टखने की हड्डी बढ़ानी हो तो क्या आप इसका कोई उपाय बता सकते हैं?"

मुझे तो लगता है कि हिमालय की किसी दुर्गम चोटी को फ़तह करने के बाद जब कोई साहसी महिला पर्वतारोही देहरादून से दिल्ली

या लखनऊ लौटी होंगी तो शायद उन्होंने तक किसी पुरुष से अनुरोध किया होगा: "भाई साहब क्या आप मुझे नीचे वाली बर्थ दे सकते हैं, मुझे इतना अधिक ऊपर चढ़ने में दिक्कत होती है"।

# 15.

# अरे! आप बी.टेक. नहीं हैं ?

हमारे देश में सबसे अधिक किया जाने वाला काम है: सुबह-सुबह उठकर नित्य कर्म से निवृत्त होना। दूसरे नंबर पर सबसे अधिक किया जाने वाला काम है: सार्वजनिक स्थानों पर गंदगी फैलाना। और देश में तीसरा सबसे अधिक किया जाने वाला काम है — बी.टेक.

हमारे यहाँ लोग इस हद तक बी.टेक. करते हैं कि किसी अनजान नवयुवक या नवयुवती से आप सहज ही पूछ सकते हैं —और बताओ, बी.टेक. के अलावा आजकल क्या चल रहा है?

जापान, जर्मनी, स्वीडन, अमेरिका जैसे पिछड़े हुए देशों में एक बच्चे को क्या करना है यह देखने के लिए उसका एप्टीट्यूड देखा जाता है और उसी हिसाब से बच्चा अपनी पढ़ाई-लिखाई करता है। किंतु भारत जैसे एडवांस देश में बच्चों का नहीं बल्कि उनके माँ-बाप का, उनके फूफा जी का तथा समाज का एप्टीट्यूड देखा जाता है और तब निर्धारित किया जाता है कि बच्चों को क्या करना चाहिए।

क्या आपको पता है बी.टेक. किया हुआ व्यक्ति अर्थशास्त्र के नियमों को चुनौतियाँ भी देता है। अपने घर में रहकर अपने आसपास काम करके तीस हज़ार रुपए महीना कमाने से बहुत अच्छा है घर से दो हज़ार किलोमीटर दूर, चूहे के बिल सदृश जगह पर रहकर पच्चीस हज़ार रुपए महीना कमाना — यह लॉजिक आपको तभी समझ में आएगा जब आप इंजीनियरिंग कॉलेज नामक हवन-कुंड में अपने जीवन के चार स्वर्णिम वर्षों की आहुति देंगे।

अभी मैं एक बैंक कैशियर से मिला। वह बी.टेक. बायोटेक है। कल्पना कीजिए अगर वह बी.टेक. बायोटेक न होती तो नोट गिनते समय इन नोटों में कितना पानी लगाना है, क्या वह कभी जान पाती? बैंकों में जो कैशियर नॉन बी.टेक. बायोटेक होते हैं, वह नोटों की गिनती करते समय इनमें कभी इतना अधिक पानी लगा देते हैं कि नोट गीले हो जाते हैं और कभी इतना कम पानी लगाते हैं कि कभी-कभी तो ग्राहकों को एक-दो नोट अधिक ही मिल जाते हैं।

रजत एक एयरोनॉटिकल इंजीनियर है। एक बड़ी इवेंट मैनेजमेंट कंपनी में असिस्टेंट मैनेजर है। यह कंपनी डेस्टिनेशन वेडिंग करवाती है। कभी-कभी ऐन मौके पर जब लाइट चली जाती है और जनरेटर खराब मिलता है तो रजत एयरोनॉटिकल इंजीनियर होने के कारण जनरेटर को ठीक भी कर लेता है। आप सोच रहे होंगे कि मैं कितनी बेवकूफी भरी बातें कर रहा हूँ — एयरोनॉटिकल इंजीनियर का जनरेटर से क्या मतलब?... दरअसल इंजीनियरिंग कॉलेज में रजत की प्रेमिका इलेक्ट्रिकल ब्रांच से इंजीनियरिंग कर रही थी। प्रेमिका के लिए नोट्स छापते-छापते रजत को उसकी ब्रांच का भी काफ़ी अच्छा ज्ञान हो चुका है।

मानसून आने पर जब देश में खेतों में धान बोया जाता है तो उस समय इंजीनियरिंग कॉलेज में भी बी.टेक. की बुवाई होती है। चार साल में बी.टेक. की फसल तैयार हो जाती है। कभी-कभी इस फसल में प्रेम-रोग लगने से फसल तैयार होने में छह साल भी लग जाते हैं।

कल मैं एक विवाह समारोह में गया हुआ था। वर जी प्रॉपर्टी डीलर हैं जिन्होंने केमिकल इंजीनियरिंग की है। बहू बी.टेक. आईटी ब्रांच से हैं जो एक बुटीक चलाती हैं। जिस प्रकार इस वर-वधू ने अपनी बुद्धिमत्ता से काम लेते हुए पढ़ाई-लिखाई के अनुरूप अपने रोज़गार को चुना, उसी प्रकार ये अपने वैवाहिक जीवन में भी बुद्धिमत्तापूर्वक निर्णय लेते हुए खुशहाल जीवन यापन करेंगे —ऐसी मेरी ईश्वर से प्रार्थना है।

विवाह समारोह से लौटते समय कार पार्किंग के पास ननकू बैंड मास्टर जी से बात हुई। वह बहुत समझदार इंसान लग रहे थे। हम लोगों ने अपना विज़िटिंग कार्ड भी एक्सचेंज किया। उनके कार्ड पर लिखा था —सरताज़ ब्रास बैंड, प्रोपराइटर ननकू, बी.टेक. मेटलर्जिकल इंजीनियरिंग, गोल्ड मेडलिस्ट।

# 16.

# आदमी की हैसियत

शिवदत्त जोशी जी का पार्थिव शरीर प्रीमियम इटेलियन मार्बल लगे फर्श पर रख दिया गया है। नाती-पोते जिनसे बार-बार अनुनय-विनय करना पड़ता था —"बेटा थोड़ी देर के लिए दादाजी के पास, नाना जी के पास बैठ जाओ और उनसे थोड़ी-सी बात कर लो" — वे भी आज मृतात्मा को अश्रुपूर्ण श्रद्धांजलि दे रहे हैं। आज नाती-पोतों ने दिवंगत के सम्मान में जितना मोबाइल ऑफ रखा, अगर उतना उनके जीते-जी रखा होता तो जोशी जी ख़ुशी के मारे पहले ही मर गए होते।

शयन कक्ष में जहाँ प्रभावती जी को ढाँढस बँधाते लोग हैं, यदि आप वहाँ से बाहर सड़क के कोने तक जाएँगे तो आपको रिश्तों के घटते क्रम में लोग मिलते जाएँगे। सड़क के अंतिम छोर पर खड़े बहुत दूर के रिश्तेदारों में तक शिवदत्त जी के प्रति असीम आदर और प्रेम उनकी बातों में साफ झलक रहा है:

"यार शेयर मार्केट तो आजकल गिरता ही जा रहा है"

"मैं तो कहता हूँ कुछ पैसा क्रिप्टो में भी लगाओ"

"वैसे सोने का भाव भी इधर गिरा है, वह भी अच्छा इन्वेस्टमेंट रहेगा"

थोड़ा उनके घर की तरफ और पास आइए। यहाँ पर आपको थोड़ा और पास वाले रिश्तेदार मिलेंगे। अपने आँसुओं को किसी तरह थामे हुए ये शिवदत्त जी के प्रति संवेदना प्रकट कर रहे हैं:

"सुना है छोटी बहू ने इनको खूब नाच नचाया"

"बड़ी बहू कौन-सी कम है"

"भाई, लड़के ठीक हों तो बहुएँ भी ठीक रहती हैं"

गेट के ठीक बाहर एकदम सगे रिश्तेदार खड़े हैं। सब रुँधे गले से बहुत मुश्किल से बात कर पा रहे हैं:

"यार मकान तो जोशी जी ने गजब का बनाया है"

"बैंक बैलेंस भी सुना है गजब का है"

"अरे भाई, ये जिस विभाग में रहे हैं वहाँ का तो चपरासी भी करोड़पति होता है"

अलग-अलग ग्रुप के सदस्यों में संबंधों में प्रगाढ़ता बढ़ती जा रही है। शिवदत्त जी को अवश्य ही इसका पुण्य फल मिलेगा। उनको और अधिक पुण्य फल मिलता, किंतु पंडित जी ने सबको आवाज लगाई —चलिए जल्दी कीजिए, इनको उठाइए, बहुत देर हो गई है। काश पंडित जी थोड़ा और रुक जाते क्योंकि शुभचिंतक शिवदत्त जी को बस स्वर्ग पँहुचाने ही वाले थे।

पार्थिव शरीर बैकुंठ धाम पँहुच चुका है। नीरज पिता के पार्थिव शरीर के पास में ही खड़े हैं। उनके अधीनस्थ कर्मचारी 'बॉस हमको देख लें' इस भाव से उनसे कुछ-न-कुछ पूछते चले जा रहे हैं। जिनको अपने प्रश्नों का उत्तर पता है, वे भी बॉस से इन प्रश्नों को पूछने के बहाने अपनी हाजिरी लगा रहे हैं। नीरज जी द्वारा दिए

गए प्रश्नों के उत्तरों की लंबाई ऑफिस में कार्यरत कर्मचारियों के पद को ध्यान में रखकर निर्धारित हो रही है। जूनियर क्लर्क के एक प्रश्न का उत्तर नीरज जी ने बस सिर हिला कर दिया, जबकि डायरेक्टर साहब के उसी प्रश्न का उत्तर उन्होंने विस्तारपूर्वक दिया तथा बोले गए शब्दों को हाथों के जैस्चर के संग फाइन-ट्यून भी किया। मुखाग्नि देने का समय हो चुका है, अन्यथा नीरज जी डायरेक्टर साहब के लिए चाय-पानी भी मँगवा चुके होते।

अभी थोड़ी देर पहले घर के सामने की सड़क पर जिन लोगों में जान-पहचान हुई ही थी, अब यहाँ पर वह घनिष्ठ मित्रता में बदलने लगी है। धुरंधर फिल्म के सीक्वल में किन-किन बातों की संभावना है, उसके बारे में भी यहां पर गहन विचार-विमर्श हो रहा है। भविष्य में किसको प्रधानमंत्री पद मिल सकता है, इसके बारे में चार- पाँच नामों पर भी यहाँ चर्चा हो रही है। लालबाग के दही बड़े लखनऊ के नंबर वन दही बड़े हैं, एक सज्जन बता रहे हैं।

चुटकुलों पर संयमित ढंग से हँसा जा रहा है ताकि कहकहों की आवाज पार्थिव शरीर तक न पँहुच पाए। यहाँ लोगों में मतभेद हैं, लेकिन वे बहुत संयमित स्वर में अपनी बातों को रख रहे हैं। कोई हो-हल्ला या फूहड़ता नजर नहीं आ रही है। काश संसद का सत्र भी श्मशान में हो पाता।

नाइस मीटिंग... सी यू सून... कहते हुए लोग घाट से विदा हो रहे हैं। विजिटिंग काड्र्स एक्सचेंज हो रहे हैं। नीरज जी "मिस यू पापा" पोस्ट के कमेंट्स को पढ़ते हुए हुए भारी मन से घर की तरफ लौट रहे हैं।

स्वर्ग की सवारी वाले भैंसे में अभी काफी जगह खाली है, इसलिए शिवदत्त जी को काफी देर यहीं इंतजार करना पड़ रहा है।

नरक वाले तो बीसियों भैंसे जा चुके हैं। यमदूत के कड़े अनुशासन में कुछ भी बोलने की मनाही है, अन्यथा शिवदत्त जी को चिल्ला-चिल्लाकर बोलने का मन कर रहा है—"अगर तुम्हें कभी लगे कि तुम बहुत महत्वपूर्ण हो और तुम्हारे बगैर काम रुक जाएंगे, तो एक बार मर कर अवश्य देखना।"

# 17.

# मेरा व्रत, उसका रोज़ा

रियाज़ अहमद मेरा बहुत पुराना मित्र है। इतना पुराना मित्र कि तब हम दोनों मासूम हुआ करते थे। तब हमें पता भी नहीं था कि हिंदू और मुसलमान अलग-अलग होते हैं और उनको एक दूसरे से लड़ना भी होता है।

"तुम तो अपने व्रत के दिन कुछ न कुछ खाते रहते हो और मैं तो पानी भी नहीं पीता हूं", रियाज़ अहमद मुझसे चुहलबाज़ी करते हुए बोला। उसकी इन बातों से मेरे धर्म की नींव हिल गई।

"तुम एक दिन की सहरी और इफ़्तारी में इतना खा जाते हो जितना मैं तीन दिन में भी नहीं खा पाता हूँ", मैंने कहा। मेरी बातों से उसके मज़हब की बुनियाद हिल गई।

वह बोला, "तुम बे-बुनियाद बात कर रहे हो।" मैंने कहा, "तुम कौन सी बा-नींव बात कर रहे हो!"

उस दिन मैंने व्रत लिया कि मैं अब ऐसा व्रत रखूँगा, जिससे रियाज़ अहमद कभी भी भविष्य में, "तुम तो अपने व्रत के दिन..." टाइप के वाक्य बोलने की हिम्मत ही न कर पाए। तो मैंने ऐसा

व्रत रखने की ठानी, जिसकी टक्कर का रोज़ा रियाज़ अहमद क़यामत तक भी नहीं रख पाएगा। और हुआ भी यही, क्योंकि मैंने व्रत रखा था —एक असंभव-सा व्रत —और वह था —मोबाइल व्रत।

इस मोबाइल व्रत को रखने के बाद रियाज़ की सारी हेकड़ी निकल गई। अब वह मुझसे हमेशा बा-अदब ही बात करता है। इस व्रत में दिनभर मोबाइल को छूने तक की मनाही है; कॉल करना और वीडियो देखना तो बहुत दूर की बात है। मेरे इस कष्टप्रद व्रत को देखकर अब उसे अपना रोज़ा बहुत सहज-सा लगने लगा है। रियाज़ अहमद मुझसे बोला, "भुवन भाई, तुम्हारी वजह से अब मेरा ध्यान रोज़ा-इफ़्तारी में नहीं, ख़ुदा की बंदगी में लगने लगा है।"

रियाज़ का रोज़ा सहरी से शुरू होता है, मेरा प्रथम प्रहर से। उसके सहरी की तर्ज पर मैं सुबह प्रथम प्रहर से पहले मोबाइल पर ढेर सारी बातें करता हूँ, ढेर सारे वीडियो देखता हूँ, ढेर सारे व्हाट्सएप मैसेज करता हूँ।

उस दिन मेरा मोबाइल व्रत था। मैंने सुबह 4:00 बजे दीदी को फोन किया और पूछा कि उन्हें इस बीच नींद की दिक्कत थी, अब नींद सही से आ रही है कि नहीं? दीदी ने प्यार से उत्तर दिया: "भाई अभी-अभी नींद आई थी... खैर, कुशल पूछने के लिए धन्यवाद"।

सुबह 4:05 पर मैंने गाँव में चाचा को फोन किया। चाचा चिंतित हुए, पूछने लगे, "भुवन, सब कुछ सकुशल तो है ना, इतनी सुबह-सुबह फोन किया?" मैंने कहा, "चाचा, बस यह पूछने के लिए फोन किया था कि इस बार गेहूँ की फसल कैसी हुई ।"

सुबह 4:10 पर रामदीन को फोन करके बोला कि वह चंपा को झाड़ू-पोछा के लिए समय पर भेज दिया करे, अक्सर वह लेट हो जाती है। 4:12 पर सोहनलाल को इस बात के लिए ज़ोर की डाँट लगाई कि वह आजकल दूध में बहुत अधिक पानी मिलाने लगा है।

सुबह 4:15 से किशोर कुमार के मस्ती-भरे नॉन स्टॉप गाने सुने। सुबह 5:15 से घंटा भर सोशल मीडिया पर, अज्ञानता के भवसागर में डूबे लोगों को अपने सुबह-सुबह जागने का शुभ समाचार सुनाया तथा उन्हें अंधकार से प्रकाश की तरफ ले जाने हेतु अमूल्य ज्ञान बाँटा। और सुबह 6:15 पर प्रथम प्रहर शुरू होते ही मोबाइल के बटन को लॉन्ग प्रेस करके उसे ऑफ कर दिया।

आज दिन भर मोबाइल हाथ में नहीं था, तो कई वर्षों बाद कुछ अजीब-अजीब से नज़ारे देखने को मिले। मैं पत्नी को कानों से सुना करता था, आज पता नहीं कितने सालों बाद उन्हें मुँह से बोलते हुए देखा भी। हम पार्क में घूमने गए, तो मैंने न जाने कितने वर्षों बाद फूलों को, फव्वारों को आँखों से देखा, जिन्हें मैं आज तक घर आकर मोबाइल द्वारा खींचे गए फ़ोटो या वीडियो में ही देखा करता था।

मामा जी घर पर आए थे, तो आज मैंने जितनी देर वह घर पर रहे, उनसे बातचीत की; और घर जाकर वह मामी से बोले कि भुवन को पता नहीं क्या हो गया है, बहुत सभ्य-सभ्य सा लग रहा था। दोपहर बाद थोड़ी देर आराम किया, लेकिन पत्नी बता रही थी कि जब मैं सो रहा था तो सोए में मेरा हाथ बार-बार बगल में रखी मेज़ के ऊपर जाता था, फिर कान के ऊपर जाता था, फिर

मेज़ के ऊपर, फिर कान के ऊपर —पता नहीं ऐसा क्यों हो रहा था।

सूर्यास्त के बाद रियाज़ ने रोज़ा खोला, मैंने मोबाइल खोला। शायद उसने छककर खाया-पिया होगा, शायद ऐसा नहीं भी किया हो। पर मैंने छककर मोबाइल का प्रयोग नहीं किया। दिन भर मोबाइल से दूर रहकर मैंने देखा कि मोबाइल हमारे लिए साधन तो हो सकते हैं, लेकिन साध्य नहीं। शायद व्रत हो या रोज़ा, उनका एक ही उद्देश्य है, हमें याद दिलाना —जीवन को कम साधनों का प्रयोग करके अगर सादगीपूर्ण तरीके से जिया जाए तो अधिक मज़ा आता है।

# 18.

## बड़े होकर पढ़ना-लिखना गुनाह है

घर के अंदर आमतौर पर जब मैं कोई स्वादिष्ट चीज खाता हूँ तो प्लेट में कोई भी सबूत नहीं छोड़ता हूँ। इतना भी नहीं कि नवजात चींटी का भी पेट भर सके। लेकिन उस दिन पत्नी जब बाज़ार से घर लौटीं और मेरे बगल में रखी हुई कटोरी को देखते हुए बोलीं : "मैंने आपसे कहा था कि फ्रिज से दही बड़े निकाल कर खा लीजिएगा पर आपने आइसक्रीम क्यों खाई?"

पत्नी की डाँट से मुझे क्षणिक दुख अवश्य हुआ, परंतु इस घटना ने मेरे जीवन को बदल दिया। जब कोई मध्यम वर्गीय व्यक्ति बिना किसी के द्वारा देखे जाने पर भी अपनी मनपसंद आइसक्रीम के कुछ अवशेष अपनी प्लेट में छोड़ रहा है, तो इसका अर्थ है कि उस व्यक्ति में 'आर्थिक सुरक्षा' आ चुकी है, वह व्यक्ति 'फ़ाइनेंशली इंडिपेंडेंट' हो चुका है। और उसी पल मैंने निश्चय कर लिया था कि अब मुझे पैसा नहीं, ज्ञान अर्जित करना है।

उस दिन मैंने निर्णय लिया कि अब मुझे बहुत सारी किताबें पढ़नी हैं और काफ़ी कुछ लिखना भी है। मेरी आवश्यकताएँ बहुत

सीमित हैं और पत्नी की आवश्यकताएँ इससे भी कम। इसलिए यह कार्य करना कोई कठिन भी नहीं जान पड़ा। लेकिन मैं ग़लत था।

हम जिस समाज में रहते हैं वहाँ :

"आप क्या करते हैं?"

का उत्तरः

"मैं किताबें पढ़ता हूँ और लिखता हूँ"

कदापि नहीं दिया जा सकता!

जब मैं किताबें पढ़ रहा होता हूँ या कुछ लिख रहा होता हूँ तो मेरी पत्नी, जो बहुत समझदार हैं, वह भी कभी-कभी कह देती हैं:

"अरे सुनिए, आप कुछ कर तो रहे नहीं हैं, तो ज़रा मटर छील दीजिए।"

एक बार जब मैं गुनगुनी धूप में बैठा कुछ पढ़ रहा था, तो हमारे पड़ोसी कह बैठे,

"अरे पंत जी, आप खाली दिख रहे हैं, ज़रा हमारे पोते को स्कूल से ले आएँगे?"

मेरे ससुर जी, जो मुझे दिन-भर पढ़ते-लिखते हुए खाली-खाली सा देखते हैं, वह भी कुछ-कुछ ऐसा बोलने लगे हैं, जिनका परोक्ष रूप से मतलब होता है—

"हमने सोचा था हमारा दामाद बड़ा लायक है, लेकिन हमें इसके लक्षण कुछ ठीक नहीं नज़र आ रहे हैं।"

कुछ दिन पहले मैं अपने ससुराल गया था। वहाँ एक अन्य रिश्तेदार भी बैठे हुए थे, जो दिन-भर पर-निंदा और गप्पबाज़ी में व्यस्त रहकर समाज-कल्याण करते हैं। वह मुझसे कहने लगे, "भुवन

जी, सुना है आजकल आप कुछ नहीं कर रहे हैं।" तो मुझे उनको (स्वाभाविक है, झूठ बोलकर) बताना पड़ा कि यह जो मैं लेखन कार्य किया करता हूँ, इससे मुझे लाख-दो लाख रुपए महीना आराम से मिल जाते हैं। ऐसा सुनना था कि मेरी सास अपने घुटनों का असहनीय दर्द भूलकर लगभग-लगभग दौड़ते-दौड़ते किचन में जाकर गाजर का हलवा गरम करके ले आईं। और फिर जितनी देर मैं वहाँ बैठा रहा, वह मुझसे मुस्कुराते हुए ही बात करती रहीं। उन रिश्तेदार महोदय का गाजर का हलवा भी मुझे ही खाना पड़ा, क्योंकि पता नहीं क्यों इतना स्वादिष्ट हलवा उनके हलक से नीचे उतर ही नहीं पा रहा था।

इसी तरह कुछ दिन पहले ट्रेन यात्रा के दौरान एक लगभग पैंसठ वर्ष के बहुत संपन्न सज्जन मुझसे पूछने लगे : "आप किस विभाग में कार्य करते हैं?" मैंने उन्हें बताया कि मैं अधिकांश समय पढ़ता रहता हूँ, लिखता रहता हूँ। तो वो सज्जन मुझसे हमदर्दी जताते हुए बोले : "मैं जब रिटायर हुआ तो मैं 'भी' दिन-भर खाली-खाली रहता था। मैं बीमार पड़ने लगा था। इसलिए बच्चों ने सलाह दी कि मैं एक दुकान खोल लूँ। इसलिए मैंने रेडीमेड गारमेंट्स की दुकान खोल ली। पंत जी, मैं आपको भी सलाह दूँगा कि आप भी कुछ ऐसा ही काम कर लीजिए।"

जैसे कोढ़ में खाज होती है, वैसा ही मेरे संग भी है। मेरा एक व्यसन है पढ़ना-लिखना और दूसरा व्यसन है घूमना। हमारे समाज में घूमने का मतलब होता है आवारागर्दी। जब आपको कहीं घूमने के लिए जाना होता है तो पता नहीं कितने लोगों को, किस-किस तरह का जस्टिफ़िकेशन नहीं देना पड़ता है। व्यक्तिगत रूप से मेरा मानना है कि आप तीन दिन के लिए किसी नई जगह पर घूमने के लिए निकल जाइए, वह आपको एक ज्ञान से भरी पुस्तक का

'लाभ' दे देता है। लेकिन दुर्भाग्य तो यह है कि हमें शौक़ भी वही पालने पड़ते हैं, जिनसे हमें नहीं बल्कि समाज को मज़ा आए।

समाज में रहकर अगर आप कुछ भी ऐसा काम कर रहे हैं, जिसका आउटपुट ढेर सारे पैसे के रूप में नहीं मिल रहा है, तो वह कार्य, कार्य नहीं माना जाता—समय की बर्बादी माना जाता है। ऐसा समाज, जहाँ हर व्यक्ति और अधिक... और अधिक... और अधिक की अंधी दौड़ में भाग रहा है, उसमें अगर आप भागते नहीं दिखेंगे तो आप अपाहिज माने जाएँगे। अगर आप भी पढ़ने, लिखने, घूमने जैसी 'करतूतों' में लिप्त हैं, तो परिणाम भुगतने के लिए तैयार रहिए।

# 19.

## हमारे बॉस और हम मक्खनबाज़

आमतौर पर मेरा व्यवहार विनम्र रहता है। परंतु जब कोई व्यक्ति कोई चुटकुला सुनाता है तो मेरे अंदर अहम् आ जाता है। मैं किसी के सुनाए चुटकुले पर मात्र इसलिए नहीं हँसता हूँ कि वह चुटकुला है। हिंदी चुटकुलों में अगर हँसाने की काबिलियत है तभी मैं हँसता हूँ। हाँ अंग्रेजी के चुटकुलों पर मैं अवश्य हँस जाता हूँ बिना किसी बात के भी, ताकि लोगों को यह न लगे कि मुझे समझ में नहीं आया। लेकिन जब मेरे बॉस चुटकुला सुनाते हैं तो मेरा व्यवहार बदल जाता है। उनके चुटकुला खत्म होते ही मैं जोर-जोर से हँसने लगता हूँ। और उनके अंग्रेजी के चुटकुले पर तो मैं दो बार हँसता हूँ —बीच में थोड़ा पॉज़ देकर।

हमारे बॉस शायरी भी करते हैं। बहुत उम्दा शायर हैं वो। 'ऑफिस में समय का अधिकतम सदुपयोग कैसे करें' इस विषय पर एक दिन वो मीटिंग ले रहे थे। मीटिंग के दौरान उन्होंने कई शेर सुनाए। एक शेर यह भी था:

इश्क के खेल में चोट लगना एक आम बात है

एहसास  हों न हों  डेटॉल पास होना जरूरी है

उनके शेर पढ़ते ही हमने वाहवाही के खजाने लुटा दिए। उनकी गुड बुक्स के कवर पेज पर आने के लिए मैंने कहा: "क्या बात है सर... क्या बात है... सर मुकर्रर... सर मुकर्रर।" बॉस मुकर्रर का अर्थ नहीं समझ पाए और बोले —"पंत जी, आपके मुकर्ररबाद के लिए शुक्रिया।" तब मुझे कहना पड़ा —"सर, प्लीज़ यह शेर दोबारा पढ़िए।"

मेरा दोस्त मुज़म्मिल, जिसे शेरो-शायरी का बेइंतहा ज्ञान है, बोला —"सर, आपने यहाँ पर जो डेटॉल का इस्तेमाल किया है, उससे शेर का दूसरा मिसरा एकदम मीटर में आ गया है। अगर आप सेवलॉन या बैंड-ऐड इख़्तियार फ़रमाते तो इस दर्जे की लुत्फ़-ओ-मसर्रत हासिल न होती।"

शर्मा जी, जो दो दिन बाद ही सेवानिवृत्त होने वाले थे, बोल पड़े —"सर, इश्क के खेल में चोट तो दिल में लगती है, तो वहाँ डेटॉल का प्रयोग कैसे हो पाएगा?"

आपको बताने की जरूरत नहीं है कि शर्मा जी के रिटायरमेंट पर जो पार्टी का आयोजन होना था, वह रद्द कर दी गई तथा उनको पेंशन के कागजों में आवश्यक औपचारिकताओं को पूरा करने के लिए अपने ही ऑफिस में जूते घिसने पड़े।

बॉस की किसी भी बात पर बिना किसी बात के हँसने से ऐसा नहीं कि मुझे केवल ऑफिस में ही फ़ायदा हुआ है। मुझे इसके कई और फ़ायदे भी मिले हैं। मेरी सामाजिक स्वीकार्यता बढ़ी है। मैं समाज में एडजस्ट होने लगा हूँ। अब मैं वह नहीं कहता हूँ जो आपके लिए हितकारी है, क्योंकि अक्सर वह बहुत कड़वा होता है। अब मैं वह कहने लगा हूँ जो मेरे लिए हितकारी है।

एक बार हमारे बॉस ने फेसबुक पर अपने किचन से एक पोस्ट डाली। पोस्ट का टाइटल था —"रोटी बनाना इतना भी कठिन नहीं है।" उनकी पंचभुजी रोटी को देखकर ऑफिस में उनकी एक अधीनस्थ कर्मचारी ने लिखा —"सर, मैं पंद्रह साल से रोटी बना रही हूँ, लेकिन आज तक मुझसे इतनी अच्छी रोटी नहीं बन पाई है।"

होली के अगले दिन उन्होंने अपनी सास के गुजर जाने की एक दुखद ख़बर फेसबुक पर डाली। हाल ही में नियुक्त एक कर्मचारी ने उनकी पोस्ट पर, और कर्मचारियों की तरह ही, पोस्ट को बिना पढ़े 'लव' वाली इमोजी बनाकर कमेंट बॉक्स में लिख डाला —"सर, आपको भी होली की ढेर सारी शुभकामनाएँ। मैं ईश्वर से कामना करता हूँ कि ऐसे खुशियों के पल आपके जीवन में बार-बार आते रहें।"

बॉस का तबादला हो चुका था, अतः उनसे मुलाकात बस फेसबुक पर ही हो पाती थी। अब उनके अधीनस्थ पहले के मुकाबले पाँच गुना कर्मचारी थे। लेकिन उन्होंने तो मुझे बताया ही नहीं था कि उनके अधीनस्थ कितने कर्मचारी हैं, फिर मुझे कैसे पता चला? दरअसल उनके लो ग्रेड चुटकुलों पर या लो ग्रेड शेरों पर अब पहले के मुकाबले पाँच गुना लाइक आ रहे थे, इससे मुझे पता चला था।

तीन दिन पहले मैंने उनको सेवा निवृत्ति की ढेर सारी बधाई दी। मेरे पूर्व बॉस बोले —"पंत जी, आपको कैसे पता चला कि मैं सेवानिवृत्त हो गया हूँ?"

दरअसल मैंने देखा कि कुछ दिन से उनके पोस्ट पर अब नहीं के बराबर ही लाइक और कमेंट आ रहे हैं, इस वजह से मुझे लगा कि वे अब सेवा निवृत्त हो चुके होंगे।

“सर, आप हमारे दिल में रहते हैं, तो मुझे कैसे नहीं पता चलता” मैंने उनसे कहा। शायद बुरी आदतें छोड़ते-छोड़ते मुझे कुछ समय और लगेगा।

# 20.

## समोसा का जन्म

इंद्र के दरबार में एक आपातकालीन बैठक बुलाई गई। अप्सराओं तथा गंधर्वों का अस्तित्व खतरे में था। कारण था- भूलोक पर भारतवर्ष नामक राष्ट्र में जनमानस का अपने स्वास्थ्य के प्रति बहुत सजग हो जाना।

राजा इंद्र तक यह ख़बर पहुँच चुकी थी कि भूलोक पर पुरुष एवं महिलाएँ अपने स्वास्थ्य के प्रति अत्यधिक सजग हो गए हैं। वे प्रतिदिन व्यायाम करते हैं और बहुत संतुलित भोजन करते हैं। अब भूलोकवासियों के शरीर-सौष्ठव के सामने इंद्र के दरबार के सौंदर्य-प्रतिमान फीके पड़ते जा रहे थे।

और ऐसा हो भी क्यूँ न, इंद्र के दरबार की शोभा तभी तक है, जब तक नृत्य करती कचनार की डाल सदृश 'अद्वितीय' अप्सराओं के पैर, सुडौल एवं सुगठित शरीर वाले 'अद्वितीय' गंधर्वों के वाद्य-यंत्रों के थाप पर थिरकते रहें। पर अब ये 'अद्वितीय' कहाँ रहे?

इंद्र ने कैलोरी नामक अप्सरा और कोलेस्ट्रॉल नामक गंधर्व को आदेश दिया कि वे भेष बदलकर भूलोक पर जाएँ और अपने गुणों के अनुरूप एक ऐसा खाद्य पदार्थ बनाकर धरतीवासियों को प्रस्तुत

करें, जो उनकी कांति नहीं, बल्कि उनके उदर को बढ़ाने में सहायक हो। और इंद्र के आदेश पर धरती पर आकर कैलोरी अप्सरा तथा कोलेस्ट्रॉल गंधर्व ने 'समोसा' नामक मोहिनी को जन्म दिया।

समोसा नामक इस मोहिनी ने अपनी महक और स्वाद के कारण न जाने कितने आधुनिक विश्वामित्रों के उत्तम स्वास्थ्य के संकल्पों का यज्ञ भंग किया है। यह समोसा नामक मोहिनी 'दृढ़ इच्छाशक्ति-घातिनी' बन गई है। इस मोहिनी ने लोगों को इस प्रकार मोह-पाश में बाँध लिया है कि किसी अस्पताल के अंदर कोलेस्ट्रॉल की अधिकता से हार्ट अटैक आए मरीज़ की बाइपास सर्जरी के समय, उसके घरवाले ऑपरेशन थिएटर के बाहर समय बिताने के लिए 'समोसा' खाते दिख जाते हैं।

# 21.

# पत्नी से लिया बदला

पति दुनिया का सबसे मजबूर इंसान होता है। वह पत्नी के ताने सुनता रहे तो हीन भावना से भर जाता है। यदि पत्नी को जवाब दे, तो रणभेरी और शंखनाद के बिना ही घर की पावन भूमि कुरुक्षेत्र बन जाती है। बिना निर्माता-निर्देशक के पूरे महाभारत का मंचन हो जाता है। पत्नी भावनाओं के रथ पर सवार होती है और पति तर्क के। भावना तर्क को क्षत-विक्षत कर देती है। युद्ध हारने के बाद पति किशोर कुमार के दर्द भरे नगमे सुनने लग जाता है। अपराजिता पत्नी के तरकश में व्यंग्य बाणों की एक नई खेप आ जाती है।

पति के जीवन में ऐसे बहुत कम सौभाग्यशाली दिन आते हैं जब उसके सामने पत्नी की नजर नीची रहती है। पिछले कुछ दिनों से मैं घर में नजर उठाकर चल रहा हूँ। ईश्वर, उस दिन के लिए तेरा लाख-लाख धन्यवाद। उस दिन मैं किचन में पानी पी रहा था और पत्नी आत्मीयता से फोन पर बात कर रही थीं। क्योंकि बातचीत में आत्मीयता थी, अतः उनके मायके वालों का ही फोन रहा होगा। गैस के ऊपर भगोना चढ़ा था। पत्नी दूध उबालने जा

रही थी। दो लीटर दूध, अर्थात चार पैकेट दूध। फोन पर बात करते हुए पत्नी ने एक पैकेट का सिरा काटा और दूध भगोने में डाला। मैं परम आनंद की अवस्था में अपने सुखमय भविष्य को देख रहा था...

इन चार पैकेटों में एक पैकेट मट्ठे का था, जो मुझे दिख गया था। तीन पैकेट दूध के बाद जब मोबाइल में बतियाती पत्नी ने मट्ठे का पैकेट भगोने में डाला, तो मुझे इतनी खुशी हुई जितनी शायद धनुष-भंग होने के बाद देवी सीता को भी नहीं हुई होगी। देवी सीता के हृदय में प्रभु राम के प्रति अनुराग-पुष्प खिले होंगे और यहाँ भगोने में खिल रहे थे सफेद-सफेद चमेली के से पुष्प।

एक बार के लिए तो मेरे मन में आया था कि मैं यह बात पत्नी को बता दूँ। लेकिन फिर मेरा मस्तिष्क फ्लैशबैक में चला गया। सैकड़ों बार अगर मैं सताया न गया होता, तो मैं यह बात पत्नी को बता देता कि वह दूध में मट्ठा मिलाने जा रही हैं। चंद क्षणों के अंदर मेरे मस्तिष्क में ऐसी कई बातें आ गई जिनसे अतीत में मेरा मान मर्दन हुआ था...

...मुझे याद आया वह दिन। हम पति-पत्नी सुबह छः बजे बालकनी में बैठकर चाय पी रहे थे। आसमान में बादल छाए हुए थे। हल्की बूँदा-बाँदी हो रही थी। ठंडी-ठंडी हवा चल रही थी। बालकनी में बैठना ऐसा लग रहा था मानो हमें इस ग्रीष्म ऋतु में एसी की कैद से चंद घंटों की जमानत मिली हो।

मुझे प्रकृति के सुकुमार कवि सुमित्रानंदन पंत याद आ गए। मैंने बादलों की तरफ देखते हुए पत्नी से कहा कि देखो कितनी शीतल, मंद-मंद हवा चल रही है, चंचल मेघ पल-पल अपना रूप-रंग बदल रहे हैं, आह्लादित वृक्ष झूम रहे हैं, चहचहाते पंछियों को

देखकर लग रहा है मानो वे हमें जीवन जीने का तरीका सिखा रहे हों। मन करता है इस पल को हमेशा के लिए कैद कर लूँ। मैं पत्नी से भी ऐसे ही कुछ रोमांटिक शब्दों की उम्मीद कर रहा था। पत्नी उठते हुए बोलीं—जब अंदर आएँ, पैर पोंछकर आएँ।

फिर मुझे याद आया वह दिन। बेटे का बारहवीं क्लास का रिजल्ट निकला था। बहुत अच्छे अंक आए थे। आपको मालूम ही है कि आजकल बहुत अच्छे अंक लाने के लिए बस एक शर्त होती है—परीक्षा देना। उसने भी बारहवीं की परीक्षा दी थी, इसलिए उसके भी बहुत अच्छे अंक आए थे। दीदी का फोन आया और बेटे के मार्क्स पूछने लगीं। मैंने बताया 98% मार्क्स हैं। बधाई देते समय दीदी की आवाज में जस्ट-पास वाला रिएक्शन था। मेरे फोन रखते ही पत्नी आग-बबूला हो गईं। उन्होंने तुरंत दीदी को फोन मिलाया और बोलीं, "दीदी, बेटे के 98.25% हैं। इनको तो कुछ पता ही नहीं रहता। जिस पिता को अपने बच्चों के मार्क्स तक न पता हों, उससे आप और अधिक क्या ही उम्मीद कर सकती हैं?" दीदी ने भी हाँ में हाँ मिलाई। 'मार्क्सवाद' ननद-भाभी के बीच प्रेम स्थापित कर सकता है और पति-पत्नी के बीच दूरी।

फिर मुझे याद आया वह दिन। हम एक परिचित के घर जा रहे थे। रास्ते में पत्नी ने एक 'ओरल पावर-पॉइंट प्रेजेंटेशन' दिया कि मुझे इन परिचित के घर में क्या बोलना है, क्या नहीं बोलना है, क्या करना है, क्या नहीं करना है, अच्छा लगने पर दूसरी बार स्नैक्स लेना है कि नहीं लेना है, केवल भाभी जी की ही तारीफ नहीं करनी है, भाई साहब की भी तारीफ करनी है, इत्यादि-इत्यादि। मेरा ध्यान ड्राइविंग में था, इसलिए मैं एक जगह इंस्ट्रक्शन थोड़ा सा मिस कर गया। "कभी आप भी हमारे घर आइए" के स्थान पर "अगले रविवार आप घर पधारिए और हम लोग साथ में डिनर

करेंगे" बोल गया। घर लौटने पर पत्नी ने गाड़ी का दरवाजा इतनी तेजी से बंद किया कि फिर उसे सर्विस सेंटर में ले जाकर ही खुलवाना पड़ा।

फिर याद आया कि खरीददारी करते वक्त जब मैं पत्नी के साथ होता हूँ, तो मुझे अपनी निरर्थकता तथा लघुता का कितना एहसास होता है। शर्ट टक करके पहनूँ या बाहर निकालकर, मुझे इतना करने की आजादी भी अब बहुत बड़ी आजादी लगने लगी है। मैं आज जूते नहीं, सैंडल पहनकर जाऊंगा—इस मामले में पत्नी को राजी करना तक महान उपलब्धि लगने लगी है। गोलगप्पे वाले के सामने जब पत्नी याचक की मुद्रा में खड़ी होती हैं, तो मुझे उन ठेले वाले भैया से तक जलन होने लगी है।

फिर मुझे याद आए पत्नी के नियमित मन्त्र: "आपसे कोई काम तो ठीक से हो! आपसे तो कुछ भी कहना बेकार है! मैंने तो यह बात पहले ही कह दी थी! पता नहीं आपको कब अक्ल आएगी!" अगर इन वाक्यों को पत्नी संस्कृत में जोर-जोर से बोलने लगे, तो पड़ोसियों को लगेगा कि ये लोग कितने संस्कारी हैं, इनके घर में हर समय हवन होता रहता है।

पत्नी द्वारा दूध के भगोने में मट्ठा डालते समय जब मुझे फ्लैशबैक में इतना सब कुछ याद आ गया तो फिर मैं किचन में क्यों रुकता? मैं दबे पाँव स्टडी रूम में चला गया।

थोड़ी देर के बाद पत्नी ने आकर मुझे इस विषय में बताया। मैं इतना खुश था कि कुर्सी में मुश्किल से बैठ पा रहा था, लेकिन मैंने चेहरे पर सामान्य सा भाव दिखाया। "अरे, कोई बात नहीं, गलती इंसान से ही तो होती है," मैंने पत्नी से कहा। यही बात अगर आज तक पत्नी ने मुझसे एक बार भी बोली होती, तो इस

समय हमारे किचन में चाय बन रही होती, न कि कंप्रोमाइज़्ड पनीर।

अब मैं सुबह-सुबह उठकर भोलेनाथ से नियमित प्रार्थना करता हूँ कि, हे भोलेनाथ! हमें सद्बुद्धि देना कि हम कर, चरण, वाणी, शरीर, कर्म, कर्ण, नेत्र अथवा मन से कभी भी कोई गलत कार्य न करें, परंतु हे महादेव, कृपया बीच-बीच में पत्नी से छोटी-मोटी सौ-दो सौ रुपए तक की ग़लतियाँ अवश्य करवा दें।

# 22.

# जब मेरा टीवी आया

1980 के आसपास का समय...

किसी घर में टीवी और फ्रिज का होना उस समय बहुत बड़ी बात हुआ करती थी। एक दिन हमारे घर में फ्रिज आया। पिताजी ने हमें साफ-साफ हिदायत दी कि घर में फ्रिज आने पर हमें इसका शो ऑफ नहीं करना है।

"मैम, मैंने होमवर्क किया था, परंतु कॉपी घर में फ्रिज के ऊपर रह गई है"—इस वाक्य के द्वारा मैंने अपनी चौथी क्लास के दोस्तों के सामने हमारे घर में फ्रिज के आने की शान बघेरी।

टीवी खरीदने लायक तब हम अमीर होने ही वाले थे। मैं पड़ोस में बिट्टू के घर टीवी देखने जाया करता था। यह वह दौर था जब पास-पड़ोस के किसी घर की घंटी बजाने से पहले उनसे अपॉइंटमेंट नहीं लिया जाता था। कभी-कभी तो बिट्टू का गेट खुला होने पर मैं बिना घंटी बजाए ही उनके ड्रॉइंग रूम में जाकर टीवी खोलकर देखने भी लग जाता था।

बिट्टू के अतिरिक्त उसके घर वाले बहुत अच्छे थे। बिट्टू मेरी ही तरह था। जेब में चवन्नी न होने पर भी मेरी अकड़ राजाओं सी थी।

क्योंकि टीवी बिट्टू का था, इसलिए दीवान पर लेट कर पैर के ऊपर पैर रखकर टीवी देखने का अधिकार उसी के पास था। उसके घर वालों तथा आस-पास के वयस्क लोगों के बैठने के बाद अगर कोई कुर्सी खाली होती थी, तो मैं उस पर बैठकर टीवी देखता था, अन्यथा नीचे कालीन पर बैठना पड़ता था। अड़ोस-पड़ोस के और बच्चे भी ऐसा ही करते थे। ऐसी मजबूरी के समय में, मैं अपनी राजसी अकड़ को भूलकर फ्लेक्सिबल बन जाता था। बीच-बीच में बिट्टू को पैर के ऊपर पैर रखे, दीवान पर लेटा देख, उसके प्रारब्ध से ईर्ष्या करते हुए मैं स्वयं को कोसते हुए सोचता था कि काश, मैंने भी पूर्व जन्म में बहुत अच्छे कर्म किए होते!

फिर एक दिन हमारे घर भी टीवी आया। फिर क्या था... अब मैं भी दीवान पर लेट कर टीवी देख सकता था। अब बिट्टू का शोषण मुझे नहीं झेलना पड़ता था। अब बिट्टू के मम्मी-पापा को दिन में एक बार से अधिक नमस्ते करने की मेरी बाध्यता भी समाप्त हो गई थी। कालीन में बैठकर तीन घंटे तक मूवी देखने पर जो मेरे घुटनों में दर्द हो जाया करता था, उससे भी मुझे निजात मिली।

तब टीवी का इतना आकर्षण था कि हम 'चौपाल' सरीखे किसानों के कार्यक्रम तक बहुत चाव से देखा करते थे। जब कार्यक्रम खत्म हो जाते थे, तो टीवी पर 'झिलमिल' करते ब्लैक एंड व्हाइट डॉट्स आते थे। अक्सर हम टीवी खोलकर इस 'झिलमिल' को देखकर भी खुश हो जाया करते थे।

दीवान पर लेट कर पैर के ऊपर पैर रखकर टीवी देखने में एक अवर्णनीय नशा था। भले ही बिट्टू के मुकाबले कम किए होंगे, किंतु मैंने भी पूर्व जन्म में बहुत अच्छे कर्म किए होंगे—अब मुझे भरोसा होने लगा था।

"जरा सी सावधानी ..." जैसे विज्ञापनों को छोड़ दें, तो हम तब पूरे परिवार के साथ बैठकर टीवी देख सकते थे। हालाँकि, इन विज्ञापनों को गुनगुनाने पर पिताजी बहुत नाराज़ होते थे। "हमने क्या गलत किया?"—यह प्रश्न पूछने का तब बच्चों को अधिकार प्राप्त नहीं था।

एक दिन फिल्म के बीच में टीवी में अचानक पिक्चर क्वालिटी बहुत डिस्टॉर्टेड आने लग गई। टीवी के स्विच को छेड़ना और नई नवेली बहू का ससुर जी के सामने सिर पर पल्ला न रखना—उस समय एक ही बराबर अपराध माने जाते थे। उस समय टीवी की ट्यूनिंग मैन्युअली नॉब घुमा-घुमा कर करनी पड़ती थी। मुझे आत्म-सम्मान से समझौता करना पड़ा। मुझे बिट्टू को अनुनय-विनय करके अपने घर पर बुलाना पड़ा।

मूँछों वाले स्थान पर ताव देता हुआ ग्यारह वर्षीय बिट्टू बिना बाहर चप्पल उतारे हमारे घर पर आया। बिट्टू 'नव-धनाढ्यों' को धनाढ्य नहीं मानता था। बिट्टू ने टीवी ट्यून करते समय स्वयं के बैठने के लिए मुझसे कुर्सी लेकर आने को कहा। मुझे मालूम था—उसे बैठने की आवश्यकता नहीं थी। बिट्टू ने टीवी ट्यून करते हुए मुझसे पानी लाने को कहा। मुझे मालूम था—उसे प्यास भी नहीं लगी थी।

# 23.

## तोंद

शाम को मैं समोसा खा रहा था। तभी घंटी बजी। मैंने दरवाज़ा खोला। एक तोंद अंदर आई। उसके पीछे मेरा बचपन का मित्र था। मेरी तोंद ने उसे रिसीव किया। तोंद के पीछे मैं था। बहुत दिनों बाद मिले थे, तो हम गले मिलना चाह रहे थे। परंतु हम तोंद ही मिल पाए।

मेरी लंबाई के हिसाब से मेरा वजन पैंसठ किलो होना चाहिए, परंतु बहत्तर किलो था। मैंने पंद्रह दिन बहुत मेहनत की। सुबह उठकर नींबू निचोड़कर दो-तीन गिलास गुनगुना पानी पिया। नाश्ते में अंकुरित बीज खाए। लंच स्किप किया। शाम को डबल टोंड दूध से बनी चाय और दो रागी के बिस्किट खाए। और डिनर में खाया ढेर सारा सलाद। रोज़ आधे घंटे टहलने गया, आधा घंटा जिम किया। पंद्रह दिन बाद वजन नापा तो 'पचास ग्राम' कम आया। मैं अति उत्साहित हुआ। मैंने अपना प्रयास जारी रखा, परन्तु अफ़सोस, अगर 'वह' न आया होता तो मेरा लक्ष्य पूरा हो चुका होता।

वह कौन है, आप समझ ही गए होंगे। वह है आम का सीज़न। बहुत थोड़े से फल ऐसे होते हैं जिन्हें आप मजबूरी में नहीं खाते, उनमें आम प्रमुख है। आपके सामने ठेले पर आम सजे हुए हैं, आप इनसे मुख मोड़कर कैसे इधर से निकल सकते हैं? आम अत्यंत गुणकारी होता है, किंतु साथ ही साथ यह तोंदवर्धक भी होता है। इस कारण कभी-कभी आम के ठेलों के सामने से मैं नज़र बचाकर आगे बढ़ जाता हूँ। किंतु आगे बढ़ते ही इन मासूम आमों की कानों में मीठी-मीठी आवाज़ आने लग जाती है: “पंत जी, हमें अपने घर नहीं ले चलेंगे?” कौन ऐसा निष्ठुर होगा जो इन मासूमों के अपनेपन से भरे अनुरोध की उपेक्षा करेगा?

ठेले वाला कहता है, “बाबूजी, आज बहुत अच्छे दशहरी आम आए हैं, पाँच किलो दे दूँ?” मैंने कहा, “नहीं, बस एक किलो दो।” फिर मैं ‘न तुम्हारी न मेरी’ सिद्धांत का पालन करते हुए तीन किलो दशहरी ले लेता हूँ। उसके आम तौलते समय मैं लंगड़ा आम की खुशबू सूँघता हूँ। मदहोश करने वाली खुशबू है। अगर ‘स्वादोलंपिक’ में आमों की रेस होगी तो मुझे लगता है कि लंगड़ा आम प्रथम स्थान प्राप्त करेगा। “भैया, दो किलो लंगड़ा भी दीजिए,” मैं कहता हूँ। चौसा स्वयं को बहुत उपेक्षित महसूस कर रहा है, तो मैं इसे भी दो किलो ले लेता हूँ। पर क्योंकि मैं इस ठेले पर सफेदा आम लेने के उद्देश्य से आया था, तो वह तो मुझे लेना ही था।

दो माह पूर्व वह भी आई थी। वह मतलब होली। और होली में गुझिया से परहेज़ असंभव है। अगर श्रीमद्भगवद्गीता में उन्नीसवाँ अध्याय भी होता तो भगवान श्रीकृष्ण अर्जुन से अवश्य कह रहे होते: “हे अर्जुन, अगर तुम गुझिया नहीं खाओगे तो भी एक दिन मृत्यु को प्राप्त होगे और अगर गुझिया खाओगे तब भी एक दिन मृत्यु को प्राप्त होगे, तो क्यों न जमकर गुझिया खाकर मृत्यु को

प्राप्त करो!" होली से पहले और होली के बाद, कुल मिलाकर पंद्रह दिन में एक इंसान गुझिया खाकर इतना तोंदत्व प्राप्त कर लेता है कि जब वह छत पर लेटा रहता है तो आर्द्र हवाएँ उसकी तोंद से अवरोधित होकर घनघोर बारिश कर सकती हैं।

और होली से दो माह पूर्व आया था जाड़ा। और जाड़े में नियमित आता था वह। वह कौन, क्या बताने की ज़रूरत है? वह मतलब गाजर का हलवा। गाजर में घी डालकर हलवा बनता है या घी में गाजर डालकर हलवा बनता है, यह शोध का विषय है। अपुष्ट सूत्रों के अनुसार, एक ऋषि का ध्यान भंग करने के प्रयास में जब उर्वशी, कामदेव और समस्त गंधर्व असफल हो गए, तब इंद्र हलवाई का भेष धारण कर गाजर का हलवा लेकर ऋषि के समक्ष गए और ऋषि की तपस्या भंग करने में सफल हुए। उस समय उन ऋषि की अंतर्यामी शक्तियाँ बफरिंग कर रही थीं, अतः उन्हें थोड़ी देर के बाद भान हुआ कि यह हलवाई और कोई नहीं, स्वयं इंद्र है। इंद्र के इस कृत्य से ऋषि बहुत क्रोधित हुए और उन्होंने श्राप दिया कि जब-जब भूलोक में गाजर का हलवा बनेगा, तब-तब महाकैलोरी नामक दानव उसमें प्रवेश कर जाएगा। स्वादिष्ट हलवा खाने के बाद हमारी तोंद इसी दानव के आकार-विस्तार के कारण बढ़ती है।

और जाड़े से दो महीने पहले वह आती है। वह बहुत सज-धज कर आती है। पहचान गए होंगे आप। वह दिवाली कहलाती है। हमने नाते-रिश्तेदारों तथा अन्य परिचितों के द्वारा भेंट की गई मिठाइयाँ अगर नहीं खाईं, तो उनका दिल तो टूट जाएगा न, भावनाएँ तो आहत हो जाएँगी न —कुछ ऐसे बहाने बनाकर हम जी भरकर मिठाई खाते हैं। "कल से हम बहुत संयमित जीवन जिएँगे", यह संकल्प लेते हुए हम आज ढेर सारी मिठाई खत्म कर देते हैं। लेकिन कल हम जब संयमित जीवन-यापन कर रहे होते

हैं, तो दोपहर दो बजे घंटी बजती है और घर पर पधारते हैं एक मेहमान, एक मिठाई का डिब्बा लेकर। अब हम उनका दिल थोड़े ही तोड़ेंगे। फिर हम एक नया संकल्प लेते हैं—यह मिठाई का डिब्बा खत्म होने के बाद हम बिल्कुल भी मीठा नहीं खाएँगे ... अगला मिठाई का डिब्बा आने तक।

अच्छा, दो महीने बाद भी तो वह आने वाली है। वह आप समझ गए न। बरसात। जब बरसात में मिट्टी की सौंधी-सौंधी खुशबू आती है, तो गैस के ऊपर चढ़ेगी कड़ाही। कड़ाही में डलेगा तेल। और तेल में तले जाएंगे स्वादिष्ट पकौड़े। और फिर विस्तार लेगी हमारी अपनी प्यारी तोंद।

तो दोस्तो, कुल मिलाकर जैसे आत्मा अजर और अमर है, उसी प्रकार तोंद भी अजर और अमर है। अगर भगवान श्रीकृष्ण के पास कुरुक्षेत्र के मैदान में टाइम आउट के समय थोड़ा और समय होता, तो वे अर्जुन से अवश्य यह कह रहे होते, जो गीता के उन्नीसवें अध्याय में होता:

“हे पार्थ, इस तोंद को न ग्रीष्म ऋतु घटा पाती है, न शिशिर ऋतु दुबली कर पाती है। न शरद ऋतु इसका कुछ बिगाड़ सकती है और वर्षा ऋतु में तो इसे कम करने के बारे में सोचना भी मूर्खता की बात है। अतः पार्थ, तुम व्यर्थ चिंता कर रहे हो। हे पार्थ, उठो! गांडीव साइड में रखो और इमरती, रबड़ी और समोसे का आनंद लो।”

# 24.

# मेरा हैप्पी बड्डे

मेरा जन्म 1 जनवरी को सर्टिफिकेट में हुआ था। लोग मेरे जन्मदिन को नववर्ष दिवस के रूप में मनाने लगे। मुझे लाइमलाइट में आना पसंद नहीं है। अतः मैंने खोज शुरू की अपना असली जन्मदिन पता करने की। यह तब की बात है जब मैं 'गमलों में' जीवन के 35 वसंत देख चुका था।

हम गाँव से अल्मोड़ा शहर, फिर अल्मोड़ा से लखनऊ शिफ्ट हुए। दो दशक पूर्व अपना मकान बनने से पहले न जाने कितने किराए के मकानों में हम रह चुके हैं। घर की शिफ्टिंग में बहुत सा गैर-ज़रूरी सामान खो जाता है और उन्हीं में खो गई थी मेरी जनमपत्री (जन्म कुंडली)।

पिताजी का स्वर्गवास बहुत पहले हो चुका था, अतः मैंने ईजा (माँ ) से पूछा कि मेरे जन्म की तारीख़ क्या रही होगी। ईजा का उत्तर था —रमेश लला (देवर) की शादी के अगले दिन तुम्हारी छठी थी। रमका (रमेश कक्का) से उनकी शादी की तारीख पूछी तो वे दुखी स्वर में बोले: "यार भुवन, वह घटना याद मत दिलाओ।"

लेकिन ईजा को जन्म की तिथि भरपूर याद थी। गूगल जिंदाबाद। साल, तिथि के आधार पर गूगल ने मेरा जन्मदिन निर्धारित किया —12 मार्च। लेकिन मैंने अपने चाहने वालों से अनुरोध किया कि वे नववर्ष को पूर्व की भाँति एक जनवरी को ही मनाया करें।

जन्मदिन पर याद आ जाता है बचपन का 'हैप्पी बड्डे'। बड्डे बेबीज़ का स्कूल में, क्लासरूम में आज के दिन कुछ अलग ही जलवा हुआ करता था।

हैप्पी बड्डे के दिन स्कूल में सुंदर सी ड्रेस पहनकर जाना तथा वितरण हेतु टॉफी ले जाना आज भी याद आता है। इस दिन तो मेरी, कक्षा की लड़कियों से खुलकर इस 'एक्सट्रीम' तक भी बातचीत हो जाती थी:

"यह लो टॉफी"

"एक टॉफी और दो"

"यह लो एक और टॉफी "

"थैंक यू"

"बैलकम"

उस दिन एक अतिरिक्त टॉफी पाने के मासूम-लोभ में कई नए मित्र बन जाया करते थे। ये मित्र कालांतर में हवा के रुख को देखते हुए दल-बदलू नेता बनते हैं, ऐसा मेरा मित्र बंटी कहता था। बंटी सभी कक्षाओं में अध्यापकों को टॉफी बाँटने जाते समय मेरे साथ रहता था।

'यदि बंटी मेरे हैप्पी बर्थडे के दिन अनुपस्थित होता, तो मेरे टॉफ़ियों के खजाने में 10 टॉफ़ियाँ अधिक होतीं' —गणित के टेस्ट

में एक भी सवाल हल न होने पर अपना ध्यान भटकाने के लिए मेरा स्वार्थी मन एक दिन ऐसा सोचने लगा था। आख़िर, टेस्ट के दौरान अपनी इज्जत बचाने के लिए टीचर को यह भी तो दिखाना होता था कि मैं कुछ सोच रहा हूँ।

मुझे नंदन, चंदा मामा, लोटपोट तथा इंद्रजाल कॉमिक्स पढ़ने का बहुत शौक था, जैसा अमूमन उस समय दूसरे बच्चों को भी होता था। मेरे कुछ दोस्त हैप्पी बड्डे में मुझे ये किताबें गिफ्ट किया करते थे। अगले दिन वे इन्हें पढ़ने के लिए माँग लेते थे।

हैप्पी बड्डे के दिन बच्चों को पीटा न जाए —यह स्कूल में एक अघोषित नियम होता था। हैप्पी बड्डे के दिन घर में किए गए अपराधों पर मिलने वाले दंड से भी इम्यूनिटी प्राप्त थी —भले ही दीदी द्वारा अभी-अभी पोछा लगाए फर्श पर चलकर जाने जैसा महा-अपराध ही क्यों न हो।

ईजा जन्मदिन वाले दिन पिठिया (तिलक) लगाकर शगुन के रूप में कुछ पैसे देती थीं। उनके जीवनकाल में यह शगुन राशि चवन्नी से शुरू होकर इन्फ्लेशन को एडजस्ट करते-करते दो सौ रुपए तक पहुँच गई थी। लेकिन ज़िम्मेदारियाँ इतनी थीं कि इन पैसों में से एक भी पैसा मेरे पास नहीं बचता था। मेरी ज़िम्मेदारियाँ होती थीं —स्कूल की छुट्टी के बाद बाहर लगने वाले ठेलों पर अपने सगे तथा अवसरवादी दोस्तों को ले जाकर उनकी स्वादेन्द्रियों को तृप्त करवाना। बंटी को दो दोस्तों वाला लाभ मिलता था।

बड़े हो जाने पर भी ईजा के जीवनकाल में जन्मदिन के दिन बच्चों जैसी फीलिंग आती थी, भले ही खुद बाप बन चुका था। सोच रहा हूँ, अगर वह जीवित होतीं तो शगुन का दो सौ रुपया कहाँ तक पहुँच चुका होता। लेकिन अब अगर वह होतीं तो उनके

द्वारा दी गई शगुन की राशि वैसी की वैसी ही बची होती। अब अधिकारपूर्वक ट्रीट मांगने वाला कोई नहीं दिखता —न सगा मित्र, न अवसरवादी मित्र और न बंटी।

# 25.

# आजकल बच्चे माँ-बाप की नाक कटा रहे हैं

भांजा सुयश, उसकी पत्नी अंकिता और एक साल की उनकी प्यारी-सी बिटिया विदिशा उस शाम घर पर आए थे। मध्यम वर्गीय शाकाहारी परिवारों में जब हमें किसी मेहमान को महसूस करवाना होता है कि वो हमारे लिए खास हैं, तो 'पनीर' हमारी इन भावनाओं पर मोहर लगता है।

शाम को नाश्ते में पनीर के पकोड़े और रात के खाने में मटर पनीर बना था। और भी कई चीज़ें बनी थीं, किंतु मटर पनीर शो-स्टॉपर था। खैर, नाश्ते के बाद हमारे घर में वह रस्म निभाई गई, जो माता-पिता के संग छोटे बच्चों के आने पर हर भारतीय घर में निभाई जाती है। और वह रस्म होती है—बच्चों का IQ टेस्ट!

क्योंकि भांजा मुझसे बहुत घुला-मिला है, इसलिए वो हमारे घर आने से पहले ही मुझे यह बता चुका था कि उसकी पत्नी बिटिया विदिशा को कई दिनों से तीन प्रश्नों की प्रैक्टिस करा रही है:

१.बेटा, बताओ पंखा कहाँ है?

२.बेटा, बताओ टीवी कहाँ है?

३.बेटा, बताओ दादाजी की फ़ोटो कहाँ पर लगी है?

और इसे इत्तेफ़ाक ही कहिए कि हमारे लिविंग रूम में पंखा रिपेयरिंग हेतु गया था, हमारे लिविंग रूम में टीवी नहीं लगा है, तथा इस कमरे में जब मेरे दादाजी की फ़ोटो नहीं लगी है, तो विदिशा के दादाजी की फ़ोटो कैसे होगी।

और दोस्तो, जब बेपरवाह अंकिता ने विदिशा से यही सब प्रश्न पूछे, तो विदिशा को ये प्रश्न कुछ आउट ऑफ़ कोर्स से लगे। वह इधर-उधर रैंडम ऐसे देखने लगी, जैसे बच्चे परीक्षा-कक्ष में इधर-उधर देखने लगते हैं, जब उन्हें प्रश्नों का उत्तर तो दूर की बात है, यह तक समझ में नहीं आता कि ये प्रश्न किस विषय के हैं। छत पर लगे झूमर को उसने पंखा बताया, दीवार पर रेंगती छिपकली को टीवी और ट्यूबलाइट को दादाजी।

अंकिता शर्म से पानी-पानी हो गई। और ऐसा हो भी क्यों न, विदिशा की उम्र कोई बहुत कम भी नहीं है—अब वह पूरे 1 साल की हो गई है। कोई मध्यम वर्गीय परिवार का व्यक्ति अंदर से कितना टूटा हुआ है, कितना बिखरा हुआ है, इसका अंदाज़ा इस बात से लगाया जा सकता है कि उस व्यक्ति ने मटर पनीर से पनीर के कितने टुकड़े निकालकर अपनी कटोरी में रखे हैं। अंकिता ने तो मटर पनीर को छुआ तक नहीं!

मैंने अंकिता की आँखों को पढ़ लिया था। कोई मेहमान हमारे घर में आए और शर्मिंदगी महसूस करे—यह बात मुझे अच्छी नहीं लग रही थी। मैंने स्थिति को संभाला। मैंने प्रश्न के हिसाब से विदिशा को उत्तर देने के लिए बाध्य नहीं किया, बल्कि विदिशा के

उत्तरों के हिसाब से स्वयं को प्रश्न पूछने के लिए बाध्य किया। और विदिशा से ऐसे प्रश्न पूछे, जिनका उत्तर वह अल्पज्ञ लड़की अपने हाथों को रैंडमली इधर-उधर हिलाते हुए ऑलरेडी दे ही रही थी। मैंने उससे पूछा:

१. बेटा, यह बताओ—इस कमरे में रोशनी कहाँ है?

२. बेटा, यह बताओ—हवा कहाँ है?

३. बेटा, यह बताओ—सर्वशक्तिमान ईश्वर कहाँ है?

विदिशा ने इन सभी प्रश्नों के उत्तर एकदम सही दिए और अपने माँ-बाप, और ख़ासकर अपनी माँ की आँखों में पुनः एक चमक स्थापित कर दी।

हमारे देश के कम-जागरूक पेरेंट्स को मैं देख रहा हूँ कि आजकल वो अपने बच्चों को पाँच-छः साल की उम्र से ट्यूशन पढ़वा रहे हैं। मैं उन्हें आगाह करता हूँ कि उन्होंने बहुत देर कर दी है। कायदे से जब वो गायनेकोलॉजिस्ट के पास जाएँ और उन्हें यह ख़ुशख़बरी मिले कि वो माता-पिता बनने वाले हैं, उन्हें उसी समय भ्रूण के लिए ट्यूशन की व्यवस्था करवा देनी चाहिए थी। जब सुभद्रा के गर्भ में अभिमन्यु सीख सकता है, तो और भ्रूण ऐसा क्यों नहीं कर सकते?

# 26.

# पैरेंट-टीचर मीटिंग

"आपके बच्चे में बहुत पोटेंशियल है। वह बहुत अच्छा कर सकता है, लेकिन अक्सर वह बहुत सिली मिस्टेक्स कर देता है। अभी उसने वह अचीव नहीं किया है जो वह डिज़र्व करता है। उससे कहिए वह घर में हर चीज़ को लिख-लिख कर प्रैक्टिस किया करे। मोबाइल का प्रयोग बहुत कम करे। सोफे या बेड पर बैठने के बजाय मेज़-कुर्सी पर पढ़ाई किया करे। देर रात तक जागने के बजाय अगर वह सुबह उठकर पढ़ाई करे तो उसे अधिक समय तक बातें याद रहेंगी।"

अगर पैरेंट-टीचर मीटिंग यज्ञशाला होती, अध्यापकगण पुरोहित होते, तो उपरोक्त पैराग्राफ निःसंदेह उनका पवित्र मंत्र होता। उपरोक्त पैराग्राफ एक ऐसा ब्रह्मास्त्र है जिसका प्रयोग कोई भी टीचर किसी भी बच्चे के लिए किसी भी समय कर सकता है। और आश्चर्य की बात है कि जब टीचर इस जेनेरिक पैराग्राफ का प्रयोग कर रहे होते हैं, तो विस्मय से माताएँ अध्यापक को परम ज्ञाता मान लेती हैं, अंतर्यामी मान लेती हैं। "अरे सर! आपने यह कैसे बता दिया? आपकी एक-एक बात सत्य है," कहती नहीं थकतीं।

मेरा बेटा पढ़ाई में अच्छा रहा है। पैरेंट-टीचर मीटिंग में जाने में हम पति-पत्नी को कोई हिचक नहीं होती थी। काश मेरे माता-पिता के संग भी ऐसा ही रहा होता। उस दिन हम पैरेंट-टीचर मीटिंग में पहुँचे और हमने साइंस वाली मैडम को अपने बेटे का नाम बताया और उसकी प्रगति जाननी चाही। बेटे का नाम बताते ही मैडम के चेहरे पर कई किस्म के भाव एक साथ आ गए। दरअसल हुआ यह था कि उन्होंने मेरे बेटे के नाम वाले ही दूसरे बच्चे के माता-पिता को वह सब बता दिया था जो उन्हें मेरे बेटे के लिए बोलना था। उस बच्चे की खेलकूद, वीडियो गेमिंग इत्यादि में अधिक रुचि रहती थी, पढ़ाई में कम। अगले दिन उस बच्चे ने मेरे बेटे को बताया, "पहली बार पैरेंट-टीचर मीटिंग के बाद मेरे मम्मी-पापा मुझे मेरे मनपसंद रेस्टोरेंट ले गए।"

अपने बाल्यकाल में मैं कोशिश करता था कि पैरेंट-टीचर मीटिंग में मेरी माँ ही जाएँ, पिताजी नहीं। पिताजी की अंग्रेज़ी अच्छी थी, उनकी गणित और विज्ञान में भी ठीक-ठाक पकड़ थी। माताजी की हिंदी अच्छी थी, मगर गणित, विज्ञान और अंग्रेज़ी विषयों से उनका बैर था। अंग्रेज़ी की अध्यापिका जब वक्रोक्ति में कुटिल हँसी के साथ मेरी कमियाँ बताती थीं, तो मेरी भोली माँ को लगता था कि शायद वह मेरी तारीफ कर रही हैं। आजकल की अंग्रेज़ी में फर्राटेदार बोलने वाली माताओं के बच्चों को यह सुख नहीं मिल पाता है। आजकल तो कई बच्चों की माताओं को मैंने देखा है कि बच्चे का पूरा सिलेबस तक कंठस्थ रहता है।

पैरेंट-टीचर मीटिंग में पैरेंट्स अलग-अलग विषयों के अध्यापकों के साथ बहुत भेदभाव करते नज़र आते हैं। गणित के अध्यापक आज के दिन एक सेलिब्रिटी की तरह होते हैं, जिनके सामने सबसे अधिक भीड़ होती है। पैरेंट-टीचर मीटिंग में अगर गणित के

अध्यापक किसी बच्चे की तारीफ कर दें, तो उस बच्चे के सारे पाप धुल जाते हैं।

इसके बाद पैरेंट-टीचर मीटिंग में इज़्ज़त होती है विज्ञान के अध्यापकों की। बायोलॉजी, केमिस्ट्री, फिजिक्स के अध्यापक इज़्ज़त के बढ़ते क्रम में होते हैं। ज्यादातर मामलों में ये क्रमशः महिला, महिला, पुरुष होते हैं। बच्चों के पिता इन अध्यापकों के सामने क्रमशः बहुत अधिक, अधिक, कम मुस्कुरा रहे होते हैं।

ज्यादातर पैरेंट्स को अंग्रेज़ी की अध्यापिका के सामने केवल "यस मैम", "ओके मैम" ही कहना होता है, इसलिए उनके सामने भीड़ नहीं दिखती। सोशल स्टडीज़ की टीचर 'हर आहट पे समझी वो आए गयो रे' मुद्रा में गेट की तरफ ताकती रहती हैं और बस इक्का-दुक्का पैरेंट्स ही इनके सामने आते हैं।

बेचारी हिंदी की अध्यापिका तो घंटों तक बिना बोहनी के बैठी रहती हैं। हिंदी के टीचर द्वारा तारीफ किए जाने पर माता-पिता को कोई खुशी नहीं होती। बल्कि कई माता-पिता तो शान से बताते हैं कि उनका बच्चा हिंदी में बीस से ऊपर की गिनती तक नहीं जानता है।

बच्चों के परसेंटेज की इज़्ज़त को बचाने वाला विषय फिजिकल एजुकेशन है। दुर्भाग्यवश माता-पिता इस विषय के टीचर से मिलना तक नहीं चाहते। और यदि वे चाहें तो भी नहीं मिल सकते, क्योंकि इन महोदय के जिम्मे पूरे विद्यालय की कानून-व्यवस्था रहती है। ये अध्यापक ही एकमात्र ऐसे अध्यापक होते हैं जिन्होंने कभी भी पैरेंट-टीचर मीटिंग का फायदा उठाते हुए माता-पिता से यह नहीं कहा होता है, "मैं शाम को प्राइवेट ट्यूशंस भी लेता हूं, आप चाहें तो अपने बच्चे को भेज सकते हैं।"

पैरेंट-टीचर मीटिंग के बाद आजकल कुछ बच्चों के स्मार्टफोन ज़ब्त हो जाते हैं और उनके वीडियो गेम्स बंद कर दिए जाते हैं। लेकिन ऐसा दुस्साहस कम ही माता-पिता में होता है। उन्हें डर लगता है कि अधिक सख़्ती करने पर बच्चे कुछ गलत कदम न उठा लें। हमारे समय में पैरेंट-टीचर मीटिंग के बाद खोने के लिए कुछ अधिक होता ही नहीं था। अधिक से अधिक पिताजी हमारा क्रिकेट बैट ज़ब्त कर लेते थे और हमारी टीवी पर इतवार की मूवी और बृहस्पतिवार का चित्रहार बंद हो जाता था। हमारे समय में जब पिताजी को लगता था कि बच्चा कहीं कोई गलत कदम न उठा ले, तो वे एक थप्पड़ और मार देते थे।

अधिकांश घरों में पैरेंट-टीचर मीटिंग के बाद एक रिवाज होता है। "अब बहुत हो गया, अब मुझे कुछ करके दिखाना है" भावना से ओतप्रोत विद्यार्थी नामक महान जीव एक टाइम-टेबल बनाता है। सुबह 5:00 से 7:00 तक केमिस्ट्री पढ़नी है, यह इस टाइम-टेबल में लिखा रहता है। यह दृढ़प्रतिज्ञ विद्यार्थी समस्त संसार को अलार्म के स्नूज़ बटन का महत्व बताते हुए 7:00 बजे उठता है। और फिर यह शूरवीर बैठ जाता है मेज़-कुर्सी पर पेन और एक सादा पेपर लेकर एक नया टाइम-टेबल बनाने के लिए। अब इस टाइम-टेबल में केमिस्ट्री का समय होता है रात 11:00 से 1:00 तक का। रात 10:55 पर इसकी पलकें भारी होने लग जाती हैं और इस समय तक पैरेंट-टीचर मीटिंग के बाद उत्पन्न हुई शर्म की एक्सपायरी डेट भी आ जाती है।

टाइम-टेबल फॉलो न करने के कारण हमारे समय में माताएँ बच्चों को ताने मारती थीं और पिता बच्चों को थप्पड़। अब बच्चों के पास नॉइज़-कैंसिलेशन वाले ईयरफोन रहते हैं, अतः इन्हें तानों से कोई फर्क नहीं पड़ता। अब पिताजी बच्चों को थप्पड़ नहीं मारते,

क्योंकि अब बच्चों को भारतीय न्याय संहिता की वे धाराएँ पता हैं जो ऐसी स्थिति में लगाई जा सकती हैं। तो पिता मजबूरी रूपी हवनकुंड में यह मंत्र पढ़ते हुए आहुति देते रहते हैं: "बेटा, अभी मेहनत कर लो तो बाद में सुखी रहोगे। बाकी बेटा, तुम्हारी मर्ज़ी, जो करना है वह करो।"

# 27.

# ज़रा ध्यान से पशु-पक्षियों की बातचीत सुनिए

जब से मैं पशु-पक्षियों की भाषा समझने लगा हूँ, तब से मेरा दुनिया को देखने का नज़रिया पूरी तरह से बदल गया है।

हम घर की बालकनी में नियमित रूप से एक बर्तन में पानी और दूसरे में कुछ अन्न रखा करते हैं। पंछी पानी पीते हैं, दाना चुगते हैं तो माहौल बहुत जीवंत लगता है और यह सब देखकर बहुत सुकून मिलता है। पंछियों को दाना-पानी देते समय पहले मन में कभी-कभी परोपकार का भाव भी आ जाता था, पर अब ऐसा बिल्कुल भी नहीं होता। पशु-पक्षियों की भाषा समझ में आने के बाद कभी भी किसी के भी मन में परोपकार या अहम का भाव आ ही नहीं सकता।

उस दिन बालकनी में उड़ते हुए दो पंछी आए। पानी पीने और दाना चुगने के बाद छोटे पंछी ने डकार ली। फिर पंछी आपस में बातचीत करने लगे।

“बेटा, पता है तुम्हें जहाँ ये पंत जी का फ्लैट है, वहाँ पहले एक बहुत बड़ा पेड़ हुआ करता था।”

“अरे वाह पापा! क्या आप उस पेड़ पर बैठा करते थे?”

“बैठा करते थे? अरे बेटा, उस पेड़ पर तो हमारा घोंसला था। और बेटा, तुम्हारा जन्म भी उसी घोंसले में हुआ था।”

“बेटा, मैं उड़ते हुए इसीलिए सीधे इसी फ्लोर पर आता हूँ क्योंकि लगभग यहीं पर हमारा घोंसला हुआ करता था।”

****

उस दिन मैं सपरिवार शहर के एक बड़े पार्क में गया हुआ था। शाम के समय पंछियों का ऐसा कलरव हो रहा था, लग रहा था मानो उनके यहाँ भी इस समय न्यूज़ डिबेट चल रही हो। दरअसल वे भी एक बहुत महत्वपूर्ण मुद्दे पर बहस कर रहे थे। पार्क में नेताजी की मूर्ति लगी है और बहस का मुद्दा था कि आज इस मूर्ति पर किसको बीट करनी है। प्रतिदिन दस चिड़ियों को बीट करनी होती है किंतु कल बारिश की वजह से जिन चिड़ियों को मौका नहीं मिल पाया, उन्हें भी आज मौका दिया जाए, यह उनकी माँग थी। अंततः नेताजी को आज बीस चिड़ियों की बीट का सुख मिला।

एक नन्हा सा पंछी बहुत खुश था। इस पंछी का आज ‘बीटकरण रस्म’ का आयोजन हो रहा है। नेताजी की मूर्ति पर पहली ‘ऑफ नेस्ट’ बीट करवाकर ‘बीटकरण रस्म’ संपन्न हुई। अभी यह छोटा है और इसकी व्याकरण में पकड़ अच्छी नहीं है, तो यह अति उत्साह में बोल पड़ाः

“नाउ आई कैन बीट एनी नेता!”

माँ तुरंत बोली :

"बेटा, तुम 'ऑन' प्रीपोज़िशन लगाना भूल गए।"

इस नन्हे पंछी ने बहुत मासूमियत से अपने पापा से पूछा:

"आप मुझे बीटकरण रस्म के लिए यहीं पर क्यों लाए?"

तो पिता बच्चे को फ़्लैशबैक में ले गए...

"बेटा, यह जिन नेताजी की मूर्ति है, वे एक बार अपनी पचास-साठ गाड़ियों का काफिला लेकर सड़क पर निकल रहे थे। आम जनता के लिए हर तरफ का ट्रैफिक रोक दिया गया था। इस ट्रैफिक में ननकू भी था, जो अपनी बीमार बीवी को रिक्शे पर बिठाकर अस्पताल ले जा रहा था। उसने पुलिस वालों से लाख मिन्नतें कीं कि बीवी मर जाएगी, अतः उसे जाने दिया जाए। पुलिस वालों ने उसकी एक न सुनी और बीवी वहीं मर गई। मैं ननकू की आँखों से निकले आँसुओं को देख पा रहा था। बेटा, मैं पंछी हूँ, मेरी सीमाएँ हैं। मैं कोई बहुत बड़ा काम तो कर नहीं सकता, लेकिन फिर भी मैंने अपने स्तर से उन नेताजी से बदला लेने की सोची।"

पिता आगे बोले, "बेटा, कुछ समय पूर्व उन नेताजी की मूर्ति इस पार्क में स्थापित हुई। मैंने अपने 'पंछी संघ' में प्रस्ताव पारित करवाया कि प्रतिदिन दस पंछी इन नेताजी की मूर्ति के ऊपर बीट करेंगे तथा किसी भी पंछी का जब भी 'बीटकरण रस्म' का आयोजन होगा, वह इन्हीं नेताजी की मूर्ति के ऊपर होगा।"

****

उस दिन मैं अपनी हाउसिंग सोसाइटी के बाहर की सड़क पर चलते हुए दो 'आवारा' कुत्तों की बातें सुन रहा था। अनुभवी कुत्ता बोला—

"यार, हमारे समय में सही रहता था। देखो इन इंसानों को कितना तामझाम करना पड़ता है। रजिस्ट्रार ऑफिस जाकर मोटी रकम खर्च करो, तब इनकी रजिस्ट्री होती है। मैं तो सुबह-सुबह उठकर दस पेड़ गीले कर देता था और वह इलाका मेरा हो जाता था। मगर अफसोस अब उन पेड़ों की जगह टावर खड़े हो गए हैं यहाँ पर। और बाहर इतने गार्ड बैठे हैं कि हम अपनी पुश्तैनी जमीन पर भी नहीं जा सकते। इन्होंने हमारी ज़मीन हड़प ली है और विडंबना है कि ये हमें ही 'आवारा' कहते हैं।"

यह अनुभवी कुत्ता आगे बोला —

"भाई, मेरा एक लड़का और एक लड़की है। इधर के पाँच पेड़ लड़के-बहू को दे दिए थे और उधर के पाँच पेड़ लड़की-दामाद को। भाई, क्या लड़का क्या लड़की, सब एक बराबर हैं हमारे लिए। पर कमबख्तों ने सभी पेड़ काट दिए और निर्वासन के बाद मुझे नए सिरे से अपनी जमीन तैयार करनी पड़ी। अभी इधर ये बीस खंभों तक मेरी ही प्रॉपर्टी है। आठ खंभे लड़के-बहू के नाम कर दिए हैं और आठ खंभे लड़की-दामाद के नाम।"

"और काका, बाकी चार खंभों का क्या?" कम अनुभवी कुत्ते ने पूछा।

"अरे भाई, अब समय बदल गया है। अब मुझे भी अपने बुढापे के बारे में सोचना है, तो चार खंभे मैंने अभी अपने ही पास रखे हैं।"

"तो काका, जब आपके इलाके पर कब्जा हो रहा था तो आपने विरोध नहीं किया?"

"बेटा, हमने विरोध तो किया था लेकिन अधिक विरोध करने पर लोगों ने कहना शुरू कर दिया कि ये कुत्ते पागल हो गए हैं।

और नगर निगम वाले हमारे कई साथियों को उठा कर ले गए। अब बेटा, हमने हिम्मत हार दी है। बस कभी-कभी टोकन विरोध के लिए रजिस्ट्रार ऑफिस की दीवार को गीला करके आ जाते हैं।"

# 28.

## अथ श्री वीआईपी कथा

हस्तिनापुर की भरी सभा में द्रौपदी अपमानित हुई। सभा में विराजमान सभी गणमान्य नागरिक अपने-अपने महलों की तरफ़ और प्रजा अपने-अपने घरों की तरफ़ जाने लगी। और पांडव, कुंती और द्रौपदी के साथ वनवास और अज्ञातवास के लिए चल दिए।

मुख्य महल के ठीक बाहर 'नो पार्किंग' स्पेस में परम-ज्ञाता और भविष्य-द्रष्टा विदुर और संजय आपसी बातचीत में तल्लीन थे। संजय विदुर से पूछते हैं, "हे परम-ज्ञाता, कृपया यह बताइए कि भूतकाल या वर्तमानकाल में क्या कभी भी ऐसी घटना घटित हुई होगी या भविष्य में घटित होगी, जिसमें किसी व्यक्ति का इतना अपमान हुआ होगा या होगा जितना आज पांडवों का अपमान हुआ है?"

विदुर मुस्कुराए और बोले—"हे संजय, कलयुग में जब कोई वीआईपी व्यक्ति अपनी गाड़ी को 'नो पार्किंग' स्पेस में न खड़ी करके उचित पार्किंग स्पेस में लगाएगा और फिर वह पैदल चंद क़दम चलकर अपने गंतव्य की तरफ़ जाएगा, तो वह जितनी

बेइज़्ज़ती महसूस करेगा, उतनी बेइज़्ज़ती क्या ही आज पांडवों ने महसूस की होगी।"

विदुर आगे बोले—"हे संजय, कलयुग में सामान्य व्यवस्था यह होगी कि 'नो पार्किंग' स्पेस पर गाड़ी खड़ी करने के उपरांत वीआईपी की गाड़ी का चालक यातायात अवरुद्ध करता हुआ उतरकर गाड़ी का पीछे वाला दरवाज़ा खोलेगा और तब पीछे विराजमान वीआईपी व्यक्ति या उनकी कमसिन अर्धांगिनी के चरण-कमल धरती पर पड़ेंगे। लेकिन यदि अज्ञानी वाहन-चालक की गंभीर लापरवाही के कारण वह वीआईपी व्यक्ति या उनकी कमसिन अर्धांगिनी स्वयं अपने हस्त-कमलों द्वारा दरवाज़ा खोलकर अपने चरण-कमलों को धरती पर रखेंगे, तो तब उन्हें जिस स्तर की लज्जा एवं अपमान-भावना का अनुभव होगा, ऐसा अपमान क्या ही पांडवों को आज महसूस हुआ होगा।"

भविष्य-द्रष्टा विदुर बोले, "हे संजय, कलयुग का एक और दृश्य देखिए... यह देखिए, एक वीआईपी महोदय अपनी कोमलांगिनी अर्धांगिनी और अपनी फूल-सी बच्ची के संग एक शोरूम में प्रवेश कर रहे हैं। देखिए संजय, एक सिपाही गाड़ी का दरवाज़ा खोल रहा है तथा एक अन्य सिपाही शोरूम का दरवाज़ा खोल रहा है। हे संजय, अहंकार नामक रोग ने इन पति-पत्नी को इतना अधिक जकड़ लिया है कि यदि ये स्वयं गाड़ी और शोरूम का दरवाज़ा खोलते, तो शायद इनका यही पर लज्जा एवं अपमान-भाव से दम निकल जाता।"

विदुर आगे बोले—"और देखिए संजय, कितने प्यार से इस वीआईपी और उसकी पत्नी ने अपनी फूल-सी बच्ची के लिए एक गुड़िया खरीदी है... और संजय, ज़रा ध्यान से देखिए—इसी शहर

की एक सुनसान सड़क पर एक चरित्रहीन व्यक्ति किसी ग़रीब पिता की फूल-सी बच्ची के संग कैसा दुष्कर्म कर रहा है। हे संजय, अगर इस वीआईपी व्यक्ति ने अपनी गाड़ी तथा शोरूम के दरवाज़े को खोलने के लिए अहंकार के नशे में धुत्त होकर पुलिस वालों को यहाँ लगाया न होता, तो शायद ये पुलिस वाले उस सुनसान सड़क पर गश्त लगा रहे होते और उस ग़रीब बाप की फूल-सी बच्ची के संग दुष्कर्म न हुआ होता। किंतु संजय, 'हम स्वयं ही अपनी गाड़ी का या शोरूम का दरवाज़ा खोलें'—यह विचार आते ही कलयुग में घमंड के महासागर में तैरते इस वीआईपी नामक जीव को जितनी लज्जा एवं अपमान-भावना का अनुभव होगा, ऐसा अपमान क्या ही पांडवों को आज महसूस हुआ होगा।"

संजय के पूछने पर कि वीआईपी में 'आई' का क्या अर्थ है, विदुर बोले— "हे संजय, 'आई' का अर्थ इंपॉर्टेंट, इग्नोरेंट या इडियट—तीनों हो सकता है, और यह निर्भर करता है कि व्यक्ति किस प्रकार का व्यवहार कर रहा है।"

विदुर संजय को कुछ और ज्ञान की बातें बताने जा रहे थे परंतु क्रूर,घमंडी, स्वार्थी और निर्दयी कौरवों के रथ आकर 'नो पार्किंग' स्पेस में उसी स्थान पर आकर खड़े हो गए, जहाँ संजय और विदुर बातें कर रहे थे।

# 29.

# वैलेंटाइन सप्ताह पर निबंध

7 से 14 फ़रवरी तक मनाए जाने वाले प्रेम, समर्पण और त्याग का महान पर्व वैलेंटाइन सप्ताह सभी धर्मों के लोगों द्वारा मनाए जाने वाला एक अनूठा पर्व है। यह पर्व संत वैलेंटाइन की स्मृति में मनाया जाता है।

यह एकमात्र ऐसा त्योहार है जिसमें माताओं को अपने बच्चों से नहीं कहना पड़ता है: "बेटा, आज त्योहार है, आज तो कम से कम नहा लो।" और दिनों से बिल्कुल उलट, नित्य रतजगा करने वाले युवाओं को इस सप्ताह सुबह-सुबह उठकर रगड़-रगड़कर नहाकर कर्तव्य पथ पर निकलते हुए देखकर बहुत सुखद अनुभूति होती है।

इस सप्ताह, "मम्मी, अपनी सहेली के यहाँ ग्रुप स्टडी के लिए जा रही हूँ," कहती कन्याओं को उनकी लाचार मम्मियाँ मुस्कुराते हुए विदा करती हैं। इन कन्याओं द्वारा किया गया अतिरिक्त मेकअप जिस विषय का ये गहन अध्ययन करने जा रही हैं, उसकी अनिवार्य शर्त होती है —दकियानूसी ख्यालों वाले माता-पिता इन मॉडर्न ट्रेंड्स को क्या जानें!

इस वैलेंटाइन सप्ताह के दौरान हमारा युवा वर्ग बहुत व्यस्त रहता है। उसे प्रत्येक दिन नए-नए कार्य निष्पादित करने होते हैं। रोज़ डे, प्रपोज़ डे, चॉकलेट डे, टेडी डे, प्रॉमिस डे, हग डे, किस डे जैसी पवित्र रस्मों को निभाते हुए आ पहुँचता है साल का सबसे दिव्य दिवस — 14 फरवरी अर्थात वैलेंटाइन दिवस! इस दिन कामदेव इतने फूलों के बाण छोड़ चुके होते हैं कि एक अदद गुलाब भी पचास रुपये का मिलने लगता है।

दुर्भाग्य से ऐसा भी देखा गया है कि 7 फरवरी से अपनी प्रेम यात्रा प्रारंभ करने वाले कई प्रेमवीरों को ब्रेकअप नामक दैत्य वैलेंटाइन दिवस की मंज़िल तक पहुँचने से पहले ही धराशायी कर देता है। ब्रेकअप-दैत्य से हारे ये प्रेमी कालांतर में शायर बनते देखे गए हैं।

पवित्र प्रेम के इस वैलेंटाइन सप्ताह के दौरान पार्कों की समस्त बेंचें प्रेमी युगलों से भरी रहती हैं। प्रौढ़ तथा वृद्ध जन अगर अगल-बगल से गुजर भी जाएँ तो ये प्रेमी युगल बिना किसी संकोच के अपनी गतिविधियाँ जारी रखते हैं। यह नई पीढ़ी के आत्मविश्वास, लगन और एकाग्रता का परिचायक है। पार्कों में झुरमुट आम तौर पर पंछियों तथा अन्य छोटे-मोटे जीवों के छिपने का स्थान हुआ करते हैं। परंतु वैलेंटाइन सप्ताह के दौरान इन झुरमुटों में बड़े-बड़े दो-पाए जीव भी देखे जा सकते हैं।

प्रेमी युगल इस सप्ताह जबरदस्त बौराए होते हैं। आम के पेड़ तक इन्हीं प्रेमी-प्रेमिकाओं से बौराने की कला सीखते हैं। पिछले वर्ष की एक घटना है। एक प्रेमी युगल वैलेंटाइन सप्ताह के दौरान थिएटर में मूवी देख रहा था। मूवी खत्म हो गई थी, लेकिन ये अभी तक अपनी सीट पर ही बैठे थे। सिनेमा हॉल के मैनेजर ने

जब इन्हें झकझोर कर पूछा कि वे अभी तक क्यों बैठे हैं और बाहर क्यों नहीं जा रहे हैं, तो प्रेमी युगल एक साथ बोल पड़ा — "कंडक्टर भैया, क्या स्टॉपेज आ गया?"

बहुत कम लोग जानते हैं कि वैलेंटाइन डे के अगले दिन अर्थात 15 फ़रवरी को प्रेमी प्रेमिकाएँ मौन व्रत रखते हैं। इन्हें सख़्त हिदायत दी जाती है कि वे इस दिन न तो एक-दूसरे से मिलें और न ही वे एक-दूसरे से फ़ोन पर बात करें। इस व्रत के पीछे वैज्ञानिक कारण है। दरअसल पूरे वैलेंटाइन सप्ताह के दौरान प्रेमी-प्रेमिकाएँ बहुत तुतलाकर बातें करते हैं। उदाहरण के लिए "मेरे बेबी ने खाना खाया?" के स्थान पर वे बोलते हैं "मेले बेबी ने थाना थाया?" तो इसी तुतलाहट को दूर करने के लिए यह मौन व्रत रखा जाता है। इस व्रत को न रखने के कारण एक योग्य उम्मीदवार ने यूपीएससी की परीक्षा के इंटरव्यू में एक प्रश्न का उत्तर दिया —"भालत में तमातल की पैदावाल छबछे अधित मध्य प्रदेच में होती है"

फूलों पर मंडराने वाली मधुमक्खियों की संख्या इस बीच बेतहाशा बढ़ जाती है। परंतु आजकल यह भी देखा जा रहा है कि जिन मधुमक्खियों के छत्ते ऊँची अट्टालिकाओं में होते हैं, फूल उन्हीं मधुमक्खियों को अपनी तरफ़ आकर्षित करने का प्रयास कर रहे हैं।

# 30.

# मैं ऐसा ही हूँ

पत्नी अपने लिए साड़ी या कुर्ती खरीद रही होती हैं तो मुझे उनके बगल में रस्म-अदायगी के लिए बैठना ही पड़ता है। यक़ीन मानिए, मुझमें दो सौ रुपए की साड़ी और पचीस हज़ार रुपए की साड़ी में ज़रा सा भी अंतर समझने का हुनर नहीं है। मैं बेडशीट और सूट लेंथ तक में अंतर नहीं कर पाता हूँ। और रही रंग की बात, तो मुझे सफ़ेद, काला, हरा, पीला, नीला —बस इतने रंगों का ज्ञान है।

उस दिन शोरूम में सेल्समैन और पत्नी जब अजीब-अजीब शब्द बोल रहे थे, जैसे स्काई ब्लू, नेवी ब्लू, बेबी ब्लू, आइस ब्लू, पीकॉक ब्लू... तो मुझे बहुत खीज हो रही थी, क्योंकि मुझे तो बस ब्लू पता है।

सेल्समैन ने जब पहली ही कुर्ती दिखाई थी तो पता नहीं क्यों और कैसे मैं कह बैठा: "हाँ, ये कुर्ती बहुत ही अच्छी लग रही है, इसे ले लो।" सेल्समैन पत्नी से बोला, "बहन जी, आजकल भाई साहब जैसी पारखी नज़र कम ही जेंट्स में देखने को मिलती है।"

लेकिन पत्नी न जाने क्यों इतने ग़ुस्से में आ गई कि लगभग-लगभग शिव तांडव स्तोत्रम् का पाठ करने लगी। जब सेल्समैन थोड़ी दूर काउंटर पर कोई और नया आइटम लेने के लिए गया, तो पत्नी चेतावनी भरे अंदाज़ में मुझसे बोली: "इतनी जल्दी ऐसे नहीं बोला जाता है कि ये कुर्ती या वो साड़ी अच्छी लग रही है। इससे ये लोग फिर और अधिक वैरायटी दिखाने में आनाकानी करते हैं।"

और तब से लेकर आज तक मैंने कभी भी किसी शोरूम में ऐसा नहीं बोला कि यह सूट या वह साड़ी मुझे बहुत अच्छी लग रही है। अगर कोई सूट या साड़ी अच्छी लगती भी है, तो मैं पत्नी को घर लौटते समय दुकान से कम से कम सौ मीटर की दूरी पर रास्ते में ही बताता हूँ।

बहरहाल, पत्नी को एक कुर्ती लेनी थी, तो उन्होंने लगभग सौ कुर्तियाँ देखने के बाद कुछ कुर्तियाँ अलग रखवा दीं, ताकि वो ट्रायल भी लें और मेरी 'एक्सपर्ट राय' भी।

पत्नी ट्रायल रूम से पहली कुर्ती पहनकर जब बाहर निकलीं, तो मुझसे पूछने लगीं ,"यह कुर्ती कैसे लग रही है?"

कोई कुर्ती कैसे अच्छी लगती है, इसका मुझे दूर-दूर तक कोई अंदाज़ा नहीं है, लेकिन मैं अपनी इस कमजोरी को छुपाते हुए और स्वयं को थोड़ा एक्सपर्ट सा दिखाते हुए पत्नी से बोला,"हाँ, अच्छी तो लग रही है, लेकिन बहुत अच्छी लग रही है ऐसा भी नहीं कहूंगा।"

पत्नी ट्रायल रूम में दूसरी कुर्ती पहनने के लिए गई और इस बीच मैं यह सोचने लगा कि अब इस दूसरी कुर्ती के बारे में मुझे क्या बोलना है, जो पहली कुर्ती के बारे में मेरी दी गई 'एक्सपर्ट

ओपिनियन' से थोड़ा फ़र्क़ हो। जब वो दूसरी कुर्ती पहनकर उन्होंने मुझे दिखाया, तो मैंने 'ईमानदार' राय दी: "हाँ, यह बहुत ही दमदार लग रही है... लेकिन फिर भी पता नहीं क्यों कुछ तो मिसिंग है..... समझ नहीं पा रहा हूँ... लेकिन कुछ तो मिसिंग है।"

पत्नी थोड़ी दुखी अवश्य हुई, लेकिन उनके चेहरे पर संतोष का भाव भी था। उन्हें लगा होगा कि उनकी संगत में रहते हुए इतने सालों में मुझे कपड़ों का कुछ तो सेंस आ ही गया है, आख़िर!

फिर जब तीसरी कुर्ती का ट्रायल लेने के लिए वह ट्रायल रूम की तरफ़ गई, तो मेरे पास इस बीच समय था यह सोचने का कि अब क्या वाक्य बोला जाए, जो पहले दोनों वाक्यों से फ़र्क़ जान पड़े, ऑथेंटिक जान पड़े, और जिस वाक्य में भले ही ईमानदारी न हो, लेकिन ईमानदारी का आवरण अवश्य हो।

तो पत्नी जब ट्रायल रूम से तीसरी कुर्ती पहनकर बाहर आईं, तो मैंने अति उत्साहित होकर कहा: "हाँ, बस यही तो मुझे चाहिए था... मज़ा आ गया... मज़ा आ गया... मज़ा आ गया!"

पत्नी बोली,

"ये कुर्ती, जिसकी आप इतनी तारीफ़ कर रहे हैं, इसे मैं घर से पहनकर आई हूँ।"

और फिर शोरूम के अंदर भोलेनाथ की परम भक्त मेरी पत्नी ने किया तांडव, जिसकी अनुगूँज आज भी रह-रहकर मेरे कानों में आती रहती है।

# 31.

## हमारे फ़्लैट का इंटीरियर डेकोरेशन

कुछ वर्ष पूर्व हमने फ़्लैट खरीदा। मध्यम वर्गीय ईमानदार व्यक्ति जब प्रॉपर्टी खरीदता है, तो उसके बाद उसके पास बधाई देने वालों को मिठाई खिलाने के लिए तक मुश्किल से पैसे बचते हैं। और मिठाई ईएमआई पर भी नहीं मिलती।

मैंने अपने बजट और अपनी आवश्यकताओं के हिसाब से इस फ़्लैट का इंटीरियर वर्क करवाया। लेकिन "घर पर आने वाले लोग व्यवहार से नहीं, हमारे इंटीरियर वर्क को देखकर हमको आंकते हैं", पत्नी की इतनी सी बात को भी मैं नहीं समझ पाया।

जब हमारा इंटीरियर वर्क करीब-करीब समापन पर था, तो मिसेज़ गुप्ता फ़्लैट पर आईं। उन्होंने भी अभी-अभी हमारी सोसाइटी में फ़्लैट लिया था। हमने चाव से उनको पूरे घर का टूर कराया। पूरे घर को देखने के बाद उन्होंने अपने पति को फ़ोन किया और उन्हें हमारे यहाँ बुलाया। मिसेज़ गुप्ता अपने पति से बोलीं, "अगर आप भी पैसा खर्च नहीं करेंगे, तो फ़्लैट बस ऐसा ही दिखेगा।"

उस दिन के बाद मैं अपने फ़्लैट पर आने वाली प्रत्येक महिला से एक हज़ार रुपए होम टूर के लेने लगा। महिलाएँ खुशी-खुशी यह

राशि देने लगीं। अपने-अपने पतिदेवों को हमारे फ़्लैट पर लाकर और "कम पैसे खर्च करने पर इंटीरियर वर्क बस ऐसा ही हो पाता है" कहकर उन महिलाओं ने अपने पतिदेवों में जोश भरा। महिलाओं में मेरी इज़्ज़त बढ़ती जा रही थी। पुरुष मुझसे कटने लगे थे।

एक दिन पत्नी सोसाइटी में किसी आलीशान फ़्लैट के गृह प्रवेश में शामिल होकर लौटीं। पत्नी की नज़रें झुकी हुई थीं। आनन-फानन में हमारे फ़्लैट में एक आपातकालीन बैठक बुलाई गई, जिसमें हमारी गृहमंत्री के अलावा इंटीरियर डेकोरेटर, आर्किटेक्ट तथा मैं शामिल हुए। मेरा मुख्य काम मीटिंग में चाय सर्व करना तथा चेक में साइन करना था। हमारे फ़्लैट का इंटीरियर वर्क री-डिज़ाइन किया गया।

आजकल घरों में फॉल्स स्टेटस दिखाने के लिए फॉल्स सीलिंग न हो, यह कैसे हो सकता है। मेरे बहुत मना करने पर भी हर कमरे में फॉल्स सीलिंग बनवाई गई। मुझे तो फॉल्स सीलिंग छिपकलियों का अड्डा लगती है। जब फॉल्स सीलिंग बन गई थी, तो हमारे गृह प्रवेश से पहले छिपकलियों का वहाँ गृह प्रवेश हो चुका था। ध्यान से सुनने पर फॉल्स सीलिंग के अंदर से हल्की-हल्की मंजीरे और ढोलक की आवाज़ें आ रही थीं। शायद छिपकलियाँ अपने गृह प्रवेश के मंगल गीत गा रही थीं।

पता नहीं क्यों बेड के नीचे भी स्ट्रिप लाइट लगाई गई। इसका कारण मुझे आज तक समझ में नहीं आया। शायद पत्नी ने बहुत आगे की सोची होगी। मॉस्किटो रेपेलेंट का प्रयोग करने पर बेचारे मच्छर मानव रक्त नहीं चूस पाते हैं और बेड के नीचे छुप जाते हैं। उनको अपने को अपग्रेड करना है। बदलती परिस्थितियों में मानव रक्त कैसे पिया जाए, इसके लिए वे बेड के नीचे गहन

अध्ययन कर रहे होंगे और उन्हें पढ़ाई-लिखाई के लिए लाइट चाहिए होगी। पत्नी ने शायद यही सोचकर बेड के नीचे भी लाइट लगवाई।

आजकल लोगों के वॉशरूम इतने आलीशान होते हैं कि वहाँ से लौटने का तो मन ही नहीं करता। वॉश बेसिन इतने महँगे कि उनमें हाथ धोने में या कुल्ला करने में झिझक सी होती है। पत्नी ने भी एक वॉश बेसिन सेलेक्ट किया, जो बहुत महंगा था। मैंने उसका दाम देखा तथा यह हिसाब लगाया कि उसकी वारंटी पीरियड तक अगर हम प्रतिदिन उसमें औसतन पाँच बार कुल्ला करें, तो प्रति कुल्ला पच्चीस रुपए का पड़ रहा था। पत्नी के बहुत इंसिस्ट करने पर मुझे एफ.डी. तुड़वाकर यह वॉश बेसिन खरीदना पड़ा।

आर्किटेक्ट ने वॉशरूम के लिए एक पंखा सजेस्ट किया, जिसमें हवा देने के अतिरिक्त लाइट, शावर तथा शैम्पू डिस्पेंसर भी था। एक स्विच ऑन करने पर फोर-इन-वन पंखे से हमारा बहुत समय बचने लगा है। अब हमें मोबाइल पर पहले से अधिक रील देखने का समय मिलने लगा है। कमोड भी हमने सेंसर वाला लगवाया। इसमें 'कब्ज़ मोड' भी है। किए-कराए पर स्वतः पानी फिर जाता है। अब वॉशरूम से बाहर आने पर पत्नी शक भी नहीं करतीं कि मैंने फ्लश करने के बाद हाथ धोए भी या नहीं।

आज हमारे घर के अंदर सब कुछ आलीशान है, सब कुछ ब्रांडेड है, सब कुछ बहुत सोफिस्टिकेटेड है। कभी-कभी तो मुझे लगता है कि शायद अपने घर का सबसे सस्ता आइटम ख़ुद मैं ही हूँ।

# 32.

## एक पुल का आपके नाम पत्र

मेरा प्रणाम स्वीकार करें। मैं 'पुल वंश' का चिराग हूँ। मैंने सभ्यता की कोख से जन्म लिया है। मेरे पिता विकास हैं। जिसके माता-पिता सभ्यता और विकास हों, वह अपने भाग्य पर क्यों न इठलाए?

लेकिन भाग्य पर इठलाना तो छोड़िए, मुझे अपने होने पर भी शर्म आ रही है। जब मैं गर्भ में अपना आकार ले रहा था, उस समय मेरी माँ को न जाने कितने लोगों ने लूटा। मेरे बाप विकास की तो इन लोगों ने टाँग ही तोड़ दी थी।

कागज़ों में तो जब मैं गर्भ में था तब मेरी माँ को पर्याप्त खुराक दी गई। पर हक़ीक़त इसके एकदम उलट थी। ठेकेदार, इंजीनियर, प्रशासनिक अधिकारी, नेता—सबने मेरी माँ को मिलने वाली खुराक जी भर कर खाई। वे तो मोटे-तगड़े हो गए, परंतु जब मुझे भ्रूणावस्था में अल्प एवं निम्न स्तरीय खुराक मिली हो, तो मेरी हालत कैसी होगी, आप समझ ही सकते हैं।

गर्भावस्था के दौरान मेरी माँ की देखभाल के लिए नियुक्त ठेकेदार साहब एक दिन अपनी गुणवती पत्नी को लेकर एक बड़ी ज्वेलरी शॉप में गए। पत्नी को एक हार बहुत पसंद आया। ठेकेदार

साहब ने उसका दाम पूछा। सेल्समैन ने दाम बताया—डेढ़ लाख रुपये। ठेकेदार साहब बोले, "चार सौ बोरी सीमेंट, इतना महँगा हार है यह!" वह पत्नी को मनाते हुए बोले, "ऐसा करो, अभी छोटा पुल बन रहा है, डेढ़ सौ बोरी वाला हार ले लो। कुछ दिन के बाद एक बड़ा पुल बनना है, तब तुम्हें मैं पाँच सौ बोरी वाला हार दिलवा दूँगा!"

मेरी माँ को गर्भावस्था में कोई तकलीफ़ न हो तथा जितनी खुराक कागज़ों में लिखी है, वह उन्हें अवश्य मिले—यह देखने के लिए एक इंजीनियर साहब नियुक्त हुए। मेरे माता-पिता को पढ़े-लिखे इंजीनियर साहब पर बहुत भरोसा था। किंतु मुझे बताते हुए शर्म आती है कि इंजीनियर साहब के कारण सभ्यता शर्मसार हुई और विकास पंगु हो गया। जो पैसा मेरे तथा 'पुल वंश' के अन्य नवजातों के हक़ का था, उसमें से एक बड़ा कमीशन उन्होंने ठेकेदारों से माँगकर अपने लिए एक बड़ा सा विला खरीद लिया।

मेरे जन्म पर ननकू पुलकित हो उठा था। मेरे जन्म के समय तो उसके गाँव की महिलाओं ने सोहर भी गाए थे। ननकू की बिटिया कमली अब स्कूल जा सकेगी। पास में पुल न होने के कारण उसे पाँच कोस दूर चलकर एक पुल को पार करके नदी पार करनी पड़ती थी, अतः उसकी पढ़ाई-लिखाई बाधित हो रही थी। लेकिन मुझे नहीं लगता है कि उसकी खुशी छह महीने भी टिक पाएगी। मेरा कमजोर शरीर कमली के बस्ते का भार कैसे सह पाएगा? शायद मोटी किताबों के बोझ के कारण पुलों के ढह जाने को देखते हुए ही माननीय 'माय लॉर्ड' ने अभी हाल ही में भ्रष्टाचार से संबंधित एक अध्याय को हटाने का आदेश देकर पाठ्य पुस्तकों को हल्का करने का प्रयास किया था।

'पुल वंश' के नवजात अपनी शैशवावस्था में ही प्राण न त्याग दें, बल्कि वे भरपूर जिंदगी जीएँ—यह सुनिश्चित हो सके, यह देखना भी अति आवश्यक है। इस हेतु बहुत कठिन पढ़ाई करके और "हमको देश को बदलना है, समाज को बदलना है, गरीबों का कल्याण करना है," जैसे महावाक्य अपने इंटरव्यू में बोलकर आने वाले अति योग्य प्रशासनिक अधिकारियों को यह काम सौंपा जाता है। किंतु रंग बदलने के मामले में इनमें से बहुतेरे गिरगिट से भी अधिक सिद्धहस्त निकल जाते हैं। मेरी गर्भवती माँ की देखभाल की जिम्मेदारी ले रहे एक प्रशासनिक अधिकारी ने 'पुल वंश' की बदौलत अभी हाल ही में एक विपुल फार्म हाउस ले लिया है। परंतु इस फार्म हाउस में जगह-जगह बहुत गड्ढे हैं। उन्हें भरने के लिए पर्याप्त मिट्टी चाहिए। ठेकेदार महोदय ने प्रशासनिक अधिकारी महोदय को आश्वासन दिया है कि पुलों के गिरने से हादसे होते हैं, फिर कब्रें खुदती हैं और फिर कब्रों से निकलती है ढेर सारी मिट्टी। इस मिट्टी से बड़े आराम से उनके फार्म हाउस के गड्ढे पाट दिए जाएँगे।

और वह जो उजली-उजली पोशाक पहने हवाई सर्वेक्षण कर रहे हैं, वे हमारे माई-बाप के भी माई-बाप हैं। वे काम निकलने से पहले गली-गली जूते रगड़ते हैं और काम निकलने के बाद सबको जूते की नोक पर रखते हैं। ये अगर चाहें तो सभ्यता मुस्कुराती रहे और विकास दौड़ने लगे। किंतु ये ऐसा नहीं करेंगे। इनको जीतने की हवस है। और इनको जीतने के लिए चाहिए हजारों ट्रक बजरी, हजारों डंपर कंक्रीट, हजारों कुंतल सरिया, लाखों बोरी सीमेंट! अतः आप मान कर चल सकते हैं कि 'पुल वंश' का भविष्य अंधकारमय है।

सभ्यता का लुटना और विकास का लड़खड़ाना ही शाश्वत सत्य लगता है। यही मेरे माँ-बाप की नियति है। अपने कृशकाय शरीर को देखते हुए मुझे पता है कि मैं अपनी पहली वर्षगाँठ भी नहीं मना पाऊँगा किंतु मैं ईश्वर से आपकी दीर्घायु की कामना करता हूँ।

आपका अपना

एक अभागा पुल

# 33.

# भारत का सर्वश्रेष्ठ व्यंजन

मैं बेंगलुरु में एक परिचित के घर पर गृह प्रवेश के शुभ अवसर पर गया हुआ था। लिविंग रूम खचाखच भरा हुआ था। बेंगलुरु सच्चे अर्थ में कॉस्मापॉलिटन सिटी है। भारत के अलग-अलग प्रांतों के लोग इस कमरे में मौजूद थे। इस वक्त यहाँ खान-पान विषय में चर्चा चल रही थी। सब लोग अत्यंत गर्व से अपने-अपने शहर की प्रसिद्ध खान-पान की चीजों के बारे में बता रहे थे। मैंने सब की बात सुनी और फिर ऐसी प्रतिक्रिया दी कि मानो मैं कह रहा हूं, "तुम सब बच्चे हो मेरे सामने।" मैंने बोलना शुरू किया—हमारे लखनऊ में ...

यक़ीन मानिए, मैं अपना वाक्य अभी पूरा भी नहीं कर पाया था और वहाँ पर कई लोगों के रुमाल निकल गए—मुँह में आते पानी को छुपाने के लिए। सब लोग मुझे सम्मान की दृष्टि से देखने लगे। इसके बाद किसी ने भी यह नहीं बताया कि उनके शहर में कौन-सी खाद्य सामग्री बहुत मशहूर है।

रत्तीलाल का खस्ता, प्रकाश कुल्फी, टुंडे के कबाब, शर्मा जी के चाय-समोसे, वाजपेई की कचौड़ी, इदरीस की बिरयानी, रामआसरे

की मलाई गिलौरी, छप्पन भोग की इमरती-रबड़ी, राधेलाल का मिल्क केक, जैन की चाट, चौक की मक्खन मलाई, रॉयल कैफ़े की बास्केट चाट... और भी न जाने क्या-क्या लिखा जा सकता है यहाँ, किंतु पाठक अधिक लार अपने मुँह में इकट्ठा नहीं कर पाएंगे और यह उनके कपड़ों पर गिर पड़ेगी, इस वजह से मैं इतनी सामग्रियों पर ही रुक जा रहा हूँ।

मेरे एक परिचित गुप्ता जी मेडिकल कॉलेज लखनऊ से बाईपास सर्जरी करवा कर लौट रहे थे। लालबाग में उन्होंने एंबुलेंस रुकवाई और वहाँ के प्रसिद्ध छोले-भटूरे खाए। आख़िर ख़ाली पेट दवाई नुक़सान भी तो करती है। अस्पताल में डाइटिशियन ने उनका सख़्त डाइट प्लान बनाया है, जो उनको कल से फॉलो करना है। लेकिन आज क्या खाना है, यह डाइटिशियन लिखना भूल गई थी, जिसका गुप्ता जी ने भरपूर फायदा उठा लिया।

दुर्भाग्यवश लखनऊ के अनेक व्यंजन ऐसे भी हैं, जिनके बारे में अभी बहुत-से लोगों को पता ही नहीं है। अगर उत्तर प्रदेश पर्यटन विभाग इनके बारे में जागरूकता फैलाए, तो प्रदेश के पर्यटन को बहुत बढ़ावा मिले और बहुत अधिक राजस्व की प्राप्ति हो।

लखनऊ में पीडब्ल्यूडी ऑफिस के सामने एक ठेले पर बहुत भीड़ लगी थी। साफ़-सफ़ाई की दृष्टि से मैं ठेले की किसी भी चीज़ को खाने के सख़्त खिलाफ़ रहता हूँ। लेकिन यह खिलाफ़त मैं तभी तक करता हूँ, जब तक मैं अपने घर के अंदर रहता हूँ। जब किसी ठेले के पास पहुँचता हूँ, तब मैं स्वयं से कहता हूँ कि मेरे अंदर इतनी इम्यूनिटी तो होनी ही चाहिए कि मैं कुछ भी पचा सकूँ। मनुष्य और जानवरों में यही तो अंतर है। मनुष्य के पास हर परिस्थिति के हिसाब से बहाने तैयार रहते हैं।

मैं ठेले पर गया और मैंने एक प्लेट छोले-भटूरे का ऑर्डर दिया।

ठेले वाला हँसने लगा और बोला, "हमारे यहाँ छोले-भटूरे नहीं मिलते। हमारे यहां सिर्फ़ पंचभोग मिलता है।"

मैंने कहा, "चलिए, एक प्लेट पंचभोग दे दें।"

उसने एक प्लेट पंचभोग दिया। किंतु यह मुझसे खाया ही नहीं गया। लेकिन अगल-बगल जितने भी लोग थे, वे सब इसको बहुत चाव से खा रहे थे। मैंने ठेले वाले से शिकायत की कि भाई, आपने यह कैसी सामग्री मुझे दे दी? यह मुझसे चबाई ही नहीं जा रही है।

ठेले वाले ने मुझसे पूछा, "आप इंजीनियर हैं?"

मैंने कहा, "नहीं।"

उसने पूछा, "आप ठेकेदार हैं?"

मैंने कहा, "नहीं।"

वह हँसते हुए बोला, "बाबूजी, अगर आप इंजीनियर और ठेकेदार दोनों में से कुछ भी नहीं हैं, तो हमारी यह डिश पंचभोग आप नहीं खा पाएंगे।"

ठेले वाले ने आगे बताया: "यह पंचभोग तारकोल, कंक्रीट, रोड़ी, गिट्टी और मिट्टी से बनता है। यहाँ पर जितने भी लोग आप देख रहे हैं, ये सब सड़क बनाने वाले इंजीनियर या ठेकेदार हैं और ये लोग हर समय यही खाते हैं और बहुत आराम से पचा भी ले जाते हैं।"

"क्या इनको यह सब हज़म हो जाता है?" मैंने ठेले वाले भाई से पूछा।

ठेले वाले ने बताया कि पहले उसको भी इस बारे में बहुत आश्चर्य होता था, किंतु अब नहीं। उसने बताया कि एक बार उसके ठेले पर एक डॉक्टर साहब आए, जो एक सरकारी अस्पताल में सेवारत थे। डॉक्टर साहब ने बताया कि जो इंसान बेग़ैरत होते हैं और जिनमें बेहयाई भरपूर होती है, उनकी आँतों में ऐसे केमिकल निकलते हैं, जिनके द्वारा सब कुछ हज़म हो जाता है।

एक बार मैं अमृतसर में एक पाक-शास्त्र के जाने-माने एक्सपर्ट को लखनऊ की इस यूनीक डिश पंचभोग के बारे में बता रहा था। यह बताते वक्त मैं अत्यंत गर्व भी महसूस कर रहा था। दुर्भाग्यवश एक्सपर्ट महोदय ने मुझे जो बताया, उससे मुझे सदमा लगा। शर्म के मारे एक प्लेट छोला-कुलचा और एक बड़ा गिलास लस्सी के बाद मुझसे कुछ खाते नहीं बना।

ये 'फ़ूड एक्सपर्ट कम ब्लॉगर' महोदय मुझसे बोले कि लखनऊ में जो पंचभोग डिश मिलती है, वह देश के लगभग हर हिस्से में मिलती है। अलग-अलग हिस्सों में इसके अलग-अलग नाम होते हैं। मसलन, पंजाब के ठेकेदार और इंजीनियर जब इसे खाते हैं, तो वे इसे 'पंजतत्त' कहते हैं। तमिलनाडु में इसे 'ऐंदु-भूतंगल' कहा जाता है, पश्चिम बंगाल में इसे 'पोंचो भूतो' कहते हैं और यह माछेर झोल-भात की टक्कर की डिश है। हैदराबाद और अमरावती में इसे 'पंच भूतालु' नाम से पुकारा जाता है।

पंचभोग को मैं लखनऊ की अद्वितीय डिश समझता था और इस पर मुझे बहुत गर्व था। एक पल में इन महोदय ने मेरा घमंड चूर-चूर कर दिया। मैंने इन महोदय को फेसबुक में अनफ़ॉलो कर दिया।

हम अपने बच्चों को बचपन से संस्कारी बनाने का प्रयास करते हैं। ऐसा करके हम उनका बहुत नुकसान कर रहे हैं। हम उनका हाजमा खराब कर रहे हैं। बड़े होकर वे बहुत-सी चीज़ों को पचा ही नहीं पाएँगे। आइए, हम बचपन से ही अपने देश के नौनिहालों को भविष्य के हिसाब से तैयार करें। उदाहरण के लिए बच्चों को प्रोत्साहित करें कि वे हमारा मोबाइल कहीं छुपा दें और तभी वापस करें, जब हम उन्हें मेज़ के नीचे से पाँच सौ रुपए का नोट पकड़ाएँ। ऐसा बच्चा बड़ा होकर पीडब्ल्यूडी के सामने का 'पंचभोग', सिविल अस्पताल के सामने का 'दवा कमीशन चाट', विकास प्राधिकरण के सामने का 'भूमि घोटाला शेक', माननीय हाई कोर्ट के सामने का 'क़ीमती बेल' का रस इत्यादि सब कुछ पचा लेगा।

मैं अपनी बात यहीं पर समाप्त करता हूँ। अब मैं विधानसभा के सामने के ठेले पर भारत का सर्वश्रेष्ठ व्यंजन 'घोषणा-पत्र का कचूमर' खाने जा रहा हूँ।

# 34.

# एक नेताजी का बचपन

आइए आपको नेताजी के बचपन में ले चलते हैं। मैं आपको उनका नाम नहीं बताऊँगा। यह पता लगाना आपका काम है और आप इस काम में सक्षम हैं। चलिए, उनका नाम थोड़ी देर के लिए हम लोग गुड्डू जी मान लें।

गुड्डू जी तब कक्षा चार में पढ़ते थे—कक्षा 4C में। वे क्लास मॉनिटर थे—बहुत सख़्त मिज़ाज और बहुत दबंग। कक्षा के कुछ बच्चे प्यार से और बाकी बच्चे मजबूरीवश उन्हें गुड्डू भाई कहते थे। आइए, हम भी उन्हें गुड्डू भाई कहें।

गुड्डू जी कक्षा 2C से ही छात्र राजनीति में सक्रिय रह चुके हैं। लड़कियों को लड़कों के बराबर ही अधिकार मिलें, इसके लिए वे कक्षा 3C में प्रिंसिपल ऑफिस के सामने, इंटरवल में लंच खाने के बाद, एक घंटे की भूख हड़ताल भी कर चुके हैं। शैतानी करने पर अध्यापकों द्वारा केवल लड़कों को ही क्यों पीटा जाता है, लड़कियों को क्यों नहीं—यह उनके भूख हड़ताल का मुद्दा था। गुप्त सूत्र बताते हैं कि इंटरवल के बाद होने वाले गणित के टेस्ट से बचने के लिए गुड्डू भाई अनशन पर बैठे थे।

गुड्डू भाई का अर्धवार्षिक परीक्षा का उस दिन परिणाम आना था। पिताजी ने सख़्त चेतावनी दी थी कि यदि परीक्षा परिणाम में उनका कक्षा के प्रथम दस बच्चों में स्थान न हुआ, तो उनकी ख़ैर नहीं। गुड्डू भाई का चालीस बच्चों की कक्षा में 31वाँ स्थान आया। अभी परीक्षा परिणाम ही घोषित हुआ था; रिपोर्ट कार्ड माता-पिता को तीन दिन बाद 'पैरेंट टीचर मीटिंग' में सौंपा जाना था।

गुड्डू भाई ने बचपन से लेकर इस दस वर्ष की परिपक्व आयु तक कभी भी हार नहीं मानी थी। वे पिताजी के क्रोध से बचने का रास्ता ढूँढने लगे। इंटरवल से पहले खाली पीरियड में, जब और बच्चे मौज-मस्ती कर रहे थे, तब गुड्डू भाई रफ़ कॉपी में तरह-तरह की संभावनाएँ लिख रहे थे और बार-बार उन्हें मिटाते भी जा रहे थे। इंटरवल की घंटी बजने से ठीक पहले गुड्डू भाई के चेहरे पर एक मुस्कान खिल आई और उन्होंने रबर और पेंसिल को बॉक्स में रखा और कक्षा से बाहर निकल पड़े—चेहरे पर एक परिपक्व रणनीतिज्ञ की तरह भाव लिए हुए!

इंटरवल में मिड-डे मील खाने के बाद गुड्डू भाई ने डकार ली और प्रधानाध्यापक महोदय के कक्ष की तरफ़ बढ़ गए।

"मान्यवर, क्या मैं अंदर आ सकता हूँ?"

"आओ, गुड्डू, क्या बात है?"

"मुझे आपसे एक गंभीर मुद्दे पर बात करनी है।"

"कहो बेटा, क्या बात है?"

"मान्यवर, जो हम विद्यार्थियों को मिड-डे मील दिया जा रहा है, उसकी गुणवत्ता संतोषजनक नहीं है। दाल खाते हैं, तो ऐसा

लगता है मानो किसी खारे झील का पानी पी रहे हों। चावल में चावल के दाने कम और कंकड़-पत्थर ज़्यादा नज़र आते हैं।"

"कैसी बातें कर रहा है रे तू?"

"मान्यवर, यह केवल मैं ही नहीं कह रहा हूँ, मेरी कक्षा के कई बच्चे ऐसा कह रहे हैं। और मान्यवर, मिड-डे मील के राशन का स्कूल से ठेले पर चढ़ना और आपके घर पर उतरना भी हमसे छुपा नहीं है।"

प्रधानाचार्य जी पसीना पोंछते हुए बहुत विनम्र आवाज़ में बोले—"गुड्डू बेटा, यह कैसी बात कर रहे हो तुम?"

"माफ़ कीजिएगा, मान्यवर। हमने इसके ख़िलाफ़ कदम उठाने की भी सोची है। ढेर सारे बच्चों द्वारा विद्यालय के ठीक बाहर आपके ख़िलाफ़ धरना देने के लिए मैं बच्चों से बात करने की भी सोच रहा हूँ। एक पत्रकार महोदय हमारे घर पर आते रहते हैं; मैं तो सोच रहा हूँ कि आज शाम को उन्हें इस विद्यालय के निम्न स्तरीय मिड-डे मील से संबंधित सारी बातें बता दूँ, ताकि कल जब अख़बार में ख़बर छपे, तो आपका तथा हमारे विद्यालय का नाम बहुत रोशन हो जाए।"

प्रधानाचार्य जी घंटी बजाकर चपरासी को बुलाते हैं और गुड्डू भाई के लिए एक गिलास शरबत मँगवाते हैं। नमकीन भी मँगवाते हैं। साफ़-सफ़ाई पसंद प्रधानाचार्य महोदय गुड्डू भाई द्वारा कालीन पर गिराई थोड़ी-बहुत नमकीन को नज़रअंदाज़ करते हुए बातचीत को आगे बढ़ाते हैं—

"अरे नहीं-नहीं, बेटा, ऐसा कदापि नहीं करना। क्या तुम्हें अच्छा लगेगा अपने विद्यालय को बदनाम करना?"

“मान्यवर, मजबूरी न होती तो मैं ऐसा क़दम नहीं उठाता।”

“कैसी मजबूरी है बेटा तुम्हारी? मुझे भी तो बताओ; मैं तो तुम्हारे पिता के समान हूँ।”

“मान्यवर, अगर आप मेरी एक मदद कर दें, तो मैं भी आपके भ्रष्टाचार के मामले को दबा दूँगा।”

“बोलो बेटा, क्या चाहते हो? मैं करने के लिए तैयार हूँ।”

“मान्यवर, हमारी कक्षा 4 में चार सेक्शन हैं। हर सेक्शन में कुछ बच्चे बुद्धिमान हैं और कुछ मेरी तरह हैं, जो अनेक सामाजिक कार्यों में व्यस्त होने के कारण पढ़ाई-लिखाई पर बहुत ध्यान नहीं दे पाते हैं। आपसे अनुरोध है कि हर सेक्शन के 1 से 10 तक स्थान लाने वालों को कक्षा 4A में रख दें, 11 से 20 वालों को 4B में रख दें, 21 से 30 वालों को 4C में, और 31 या बाद की रैंक लाने वालों को कक्षा 4D में रख दें। इससे एक ही बौद्धिक स्तर के बच्चे एक सेक्शन में रहेंगे, तो हमारे मास्साबों को कक्षा को पढ़ाने में दिक्कत भी नहीं होगी और सबको उनका पढ़ाया बहुत अच्छे से समझ में भी आएगा।”

“अरे बेटा, यह तो तुम्हारा बहुत अच्छा सुझाव है। मैं इसको आज ही से लागू करवाता हूँ।”

“और मान्यवर, इस व्यवस्था को लागू करने के बाद ही अर्धवार्षिक परीक्षा परिणाम घोषित कीजिएगा।”

कक्षा 4 के सेक्शनों की री-शफलिंग के बाद बच्चों की रैंक दोबारा निर्धारित की गई। अध्यापकों ने प्रधानाध्यापक महोदय को ओवरटाइम करवाने के लिए भला-बुरा कहा। सभी अध्यापकों और विद्यार्थियों का कोई न कोई राज़ गुड्डू भाई और उसके सहयोगियों

को पता था, अतः किसी ने भी इसका विरोध करने की जुर्रत नहीं की।

तीन दिनों के बाद अर्धवार्षिक परीक्षा परिणाम घोषित हुआ।

अब गुड्डू भाई कक्षा 4D में हैं। उन्हें उनके सेक्शन में तीसरा स्थान प्राप्त हुआ है। गुड्डू भाई ने अपने जिस सहपाठी की कॉपी से पूरा का पूरा मैटर छाप दिया था, वह अब कक्षा 4A में है और उसे सातवाँ स्थान प्राप्त हुआ है।

पैरेंट-टीचर मीटिंग से लौटते समय फूले न समाए गुड्डू भाई के पिताजी ने ढेर सारी मिठाई खरीदी। अगले दिन गुड्डू भाई कुछ मिठाई स्कूल भी लेकर गए और उन्होंने प्रधानाध्यापक जी को भी मिठाई खिलाई।

उस दिन के बाद मिड-डे मील की दाल पहले से भी अधिक पतली होने लगी, किंतु गुड्डू भाई ने फिर कभी प्रधानाचार्य जी के ख़िलाफ़ आवाज़ नहीं उठाई। गुड्डू भाई ने उनका नमक (नमकीन) जो खाया था!

# 35.

# भारत में पर्यटन की दुर्गति

क्या आप नैनीताल घूमने जाना चाहते हैं? अगर आप शर्मीले हैं, नज़र झुका कर चलते हैं, तो मत जाइए। लेकिन अगर आप हमेशा अकड़-अकड़ कर नज़र उठाकर चलते हैं, तो अवश्य जाइए।

अगर आप नैनीताल में नज़र झुका कर चलेंगे, तो हर तरफ आपको गंदगी ही गंदगी मिलेगी। मॉल रोड में आप घूमने निकल जाइए, आपको कूड़ा कूड़ेदान में नहीं मिलेगा, बल्कि अक्सर आपको कूड़ेदान ही कूड़े में मिल जाएंगे। स्नो व्यू प्वाइंट पर चले जाइए और नीचे की तरफ झाँक कर देखिए—जहाँ तक आपकी नज़र जाएगी, प्रकृति आपको कूड़े की चादर ओढ़े नज़र आएगी। नैनी झील में तैरती मछलियों को संख्याबल में चुनौती देती प्लास्टिक की तैरती बोतलें आपको मिल जाएंगी। आप अपने में अकड़ रखिए, नज़र झुकाना बंद कीजिए, आपको नैनीताल बहुत अच्छा लगेगा—दूर-दूर तक फैली पर्वत श्रृंखलाएँ आपका मन मोह लेंगी।

गंदगी के मामले में देश के सभी पर्यटन स्थल एक-दूसरे से आगे निकलने की होड़ में हैं। हर तरफ फैली गंदगी सिर्फ गंदगी नहीं है, बल्कि यह असभ्य सैलानियों के हस्ताक्षर हैं, प्रशासन के

निकम्मेपन के प्रमाणपत्र हैं, लालची तथा गैर-जिम्मेदार व्यवसायियों के 'यहाँ फिर कभी मत आना' लिखे विज्ञापन हैं।

क्या आपको पता है कि भारत में पर्यटन क्षेत्र की इतनी दुर्दशा के बावजूद न्यूज़ीलैंड, क़तर, हंगरी और कुवैत जैसे देशों की पूरी अर्थव्यवस्था (GDP) लगभग उतनी ही है, जितना भारत में अकेले पर्यटन क्षेत्र का देश की GDP में योगदान! अगर हम पर्यटन के क्षेत्र में अपेक्षित सुधार कर लें, तो हमारे देश की अर्थव्यवस्था न जाने कहाँ पहुँच जाए।

मेरे विचार से विविधताओं से भरे अपने देश में हम पर्यटन की संपूर्ण क्षमता का उपयोग कर सकें इसके लिए पर्यटन मंत्रालय को तत्काल प्रभाव से निम्नलिखित महत्वपूर्ण 'विभागों' का सृजन करना चाहिए:

1.कूड़ा विभाग

2.पीक/थूक विभाग

3.तमीज़ विभाग

4.मजबूरी का फ़ायदा निरोधक विभाग

5.शौचालय विभाग

'कूड़ा विभाग' को पर्यटन मंत्रालय का स्पष्ट निर्देश हो कि उनके अधिकारी अधिकांश समय पर्यटन स्थल पर ही कैंप ऑफिस में रहें। पर्यटन स्थलों की साफ-सफाई के आकलन के आधार पर ही इन अधिकारियों तथा कर्मचारियों का प्रमोशन या डिमोशन हो।

सौभाग्य से गुटके का विज्ञापन करते पद्मश्री जैसे बड़े पुरस्कारों से नवाज़े गए प्रख्यात फिल्मी कलाकार हमारे पास हैं. इनसे अगर 'पीक/थूक विभाग' थूकने का विज्ञापन भी करवाए, तो आमजन

सही से और सही जगह पर थूकने की जटिल प्रणाली को भी आसानी से समझ पाएंगे।

पर्यटन स्थलों पर सैलानियों या लोकल व्यक्तियों द्वारा की गई अभद्रता किसी भी रूप में स्वीकार्य नहीं हो सकती। अभद्रता रोकने के लिए बनाए गए 'तमीज़ विभाग' के अधिकारियों तथा कर्मचारियों के चयन के समय खुफिया एजेंसियों द्वारा अभ्यर्थियों के सोशल मीडिया पर व्यक्त किए गए कमेंट्स को भी देखा जाना चाहिए। प्रायः देखा गया है कि जो व्यक्ति धर्म, जाति, भाषा तथा राजनीतिक मुद्दों पर दूसरों के विचारों को भी सुनने तथा आदर देने में सक्षम होता है, वह बहुत तमीज़दार होता है।

भारतीय तथा विदेशी सैलानी जब देश के अंदर किसी ऐसे स्थान पर भ्रमण के लिए जाते हैं, जहाँ की भाषा और भूगोल का उन्हें ज्ञान नहीं होता, तो प्रायः ऐसे सैलानियों को उस पर्यटन स्थल के होटल वाले, दुकानदार तथा टैक्सी चालक भरपूर लूटते हैं। ये उन्हें सोने का अंडा देने वाली मुर्गी समझने लगते हैं। इससे न केवल पर्यटन स्थलों की, बल्कि देश की छवि भी बिगड़ती है। 'मजबूरी का फायदा निरोधक विभाग' के अधिकारी, स्थानीय लोगों द्वारा सैलानियों को लूटने से रोकने के लिए 'आध्यात्मिक गुरुओं' की मदद भी ले सकते हैं। 'क्या लेकर आए थे, क्या लेकर जाओगे' इस विभाग की टैगलाइन होनी चाहिए।

सैलानी जब पर्यटन स्थलों पर जाते हैं, तो शौचालय की समस्या एक बहुत बड़ी समस्या होती है, विशेषकर महिला सैलानियों के लिए। शौचालयों के बाहर 'एडवांस फेस स्कैनर' अवश्य लगाए जाएँ। 'फेस स्कैनर' द्वारा विश्लेषण करने पर यदि अधिकांश सैलानी घृणा भाव से नाक-भौं सिकोड़ते हुए, मुँह बनाते हुए और चेहरे पर

उबकाई का भाव लिए शौचालय से बाहर निकलते दिखें, तो संबंधित कर्मचारी और अधिकारी को कारण बताओ नोटिस जारी किया जाना चाहिए।

क्योंकि सभ्यता एक अनमोल पूँजी है, अतः बहुत से सैलानी जब घूमने के लिए घर से निकलते हैं, तो सुरक्षा की दृष्टि से सभ्यता को घर पर ही छोड़ देते हैं। हर तरफ गंदगी फैलाकर अपने वजूद का परिचय देते हैं। इससे निपटने के लिए पर्यटन मंत्रालय को कुछ कदम उठाने होंगे। उदाहरण के लिए, प्लास्टिक की बोतलों और चिप्स के पैकेटों का रंग अनिवार्य रूप से हरा होना चाहिए तथा उन पर सुंदर फूलों के चित्र बने होने चाहिए। जब सैलानी इन बोतलों या चिप्स के पैकेटों को इधर-उधर फेंकेंगे, तो हर तरफ हरियाली ही हरियाली नज़र आएगी और फूल ही फूल खिले हुए प्रतीत होंगे।

पर्यटन स्थलों पर ऐसे पेड़ लगाए जाएँ जिनमें कत्थई फूल खिलते हों, जो गुटके की पीक से मैच करें। जब पर्यटन स्थलों पर विदेशी सैलानियों को यत्र-तत्र गुटके की पीक दिखेगी, तो उन्हें यह सुखद भ्रम होगा कि पर्यटन मंत्रालय ने उनके स्वागत में कत्थई फूल बिखेर दिए हैं।

# 36.

# भारतीय सड़कों पर एक भयभीत इंसान

एक महिला के लिए जो महत्व इंगेजमेंट रिंग का है, वही महत्व हमारी सड़क पर चल रही गाड़ियों के लिए इंडिकेटर का है। हमारी स्वाभिमानी एवं इमोशनल गाड़ियाँ सड़क नामक रण-क्षेत्र में लड़ जाएंगी, भिड़ जाएंगी, वीरगति को प्राप्त हो जाएंगी, किंतु वे इंडिकेटर कभी नहीं देंगी। दुर्भाग्यवश अधिकांश भारतीय गाड़ियाँ 'बायपोलर डिसऑर्डर' की समस्या से भी ग्रस्त देखी गई हैं, जो ओवरटेक करते समय तक हॉर्न नहीं देतीं, परंतु दो मिनट बाद ही चौराहे पर लाल बत्ती को देखकर जोर-जोर से हॉर्न बजाने लग जाती हैं — उस लाल बत्ती को हरा करने के लिए!

हमारे देश में फुटपाथ पर या तो कूड़ा-करकट फैला होगा, या दुकानें लगी होंगी, या उसकी हालत ऐसी होगी कि आप उस पर चल ही नहीं सकते। आपको मजबूरी में सड़क पर ही पैदल चलना पड़ता है। जब आप सड़क पर किनारे-किनारे पैदल चल रहे होते हैं, तो सड़क पर तेज चलती एंबुलेंस से भले ही आप बच जाएं, परंतु इससे भी अधिक आपातकालीन कार्य, अर्थात गुटका खरीदने

हेतु निकले किसी रणबांकुरे की ध्वनि की रफ्तार को मात देती हुई बाइक से आपका बच पाना मुश्किल है।

आवश्यकता आविष्कार की जननी है। मैंने सड़क पर पैदल सुरक्षित चलने का रास्ता ढूँढ लिया है। ट्रैफिक पुलिस इंस्पेक्टर जैसी दिखने वाली मैंने दो-तीन ड्रेस अपने लिए सिलवा ली हैं। अब मैं इस ड्रेस को पहनकर सड़क पर किनारे-किनारे चलते हुए बड़े आराम से अपने गंतव्य पर पहुँच सकता हूँ। वाहन चालक इस किस्म की वर्दी के द्वारा उनके बटुए के नोटों को खींच सकने वाले गुण से भिज्ञ होने के कारण मुझसे कटे-कटे से रहते हैं। वे बहुत दूरी बनाते हुए निकल जाते हैं।

कल ही की बात है। मैं इस ड्रेस को पहनकर एक भीड़-भाड़ वाली सड़क पर मदमस्त, निर्बाध चला जा रहा था। तभी सामने से गलत दिशा से एक बाइक वाला तेजी से आया। मुझे देखकर घबराया और मेरे कुछ कहने से पहले ही उसने जेब से पाँच सौ रुपए का नोट निकालकर मुझे पकड़ा दिया। मैं शर्म के मारे पानी-पानी हो गया। “पैसे अपनी जेब में रखो और आइंदा से गलती हुई तो दो हजार से कम नहीं लूँगा,” मैंने कहा। एक वर्दी वाले में संवेदनाएँ भी हो सकती हैं, उसने शायद पहली बार देखा था!

हमारे देश में जो ट्रैफिक सेंस है, उसे देखते हुए मुझे लगता है कि हमारी माताएँ अपने बच्चों को युद्ध-क्षेत्र में भेजते हुए उतना नहीं घबराती होंगी, जितना वे उनके भारतीय सड़कों पर निकलते समय घबराती होंगी।

पुनः मैं कहूँगा —आवश्यकता आविष्कार की जननी है। हम जानते हैं कि हमारे छोटे-छोटे बच्चे कंप्यूटर पर वीडियो गेम्स खेलकर बहुत अच्छा सीखते हैं, तो क्यों न हम अपने भारतीय

ट्रैफिक सिस्टम के बारे में उन्हें बचपन से ही कंप्यूटर गेम के माध्यम से भरपूर ज्ञान दे दें।

भारतीय गेम डेवलपर्स, कृपया ध्यान दें। मैं मुफ्त में आपको एक बहुत उम्दा किस्म का वीडियो गेम बनाने का आइडिया दे रहा हूँ। आप इस गेम का नाम रख सकते हैं: द ग्रेट इंडियन ट्रैफिक सिस्टम।

इस गेम में मान लीजिए, कोई गेमर बच्चा एक कार चला रहा है और उसके सामने एक अन्य कार चल रही है। अगर यह गेम पश्चिमी देशों की तरह कोई 'लो स्किल' गेम होता, तो यह बच्चा अपनी कार को आगे वाली कार से उचित दूरी रखता हुआ चलाता। किंतु यह तो भारतीय गेम है और यह बच्चा भी भारतीय है। तो इसे 'हाई स्किल' गेम खेलना है। इस बच्चे को अपनी कार सामने वाली कार से केवल उचित दूरी रखकर ही नहीं चलानी है, वरन् उसे उस कार मालिक द्वारा अपनी कार में पिछले शीशे पर अंकित उसकी हैसियत तथा दबंगियत के प्रमाण-पत्र को भी देखना पड़ेगा।

अन्य विदेशी गेम्स के मुकाबले इस वीडियो गेम में एक बहुत आवश्यक परिवर्तन किया गया है। यहाँ पर अगर कोई खिलाड़ी वीडियो गेम के दौरान 'किल' हो जाता है, तो उसे फिर से 'लाइफ़' नहीं मिलेगी —ऐसा स्पष्ट रूप से इस गेम के मैनुअल में लिखा होगा। ऐसे कठोर नियमों के चलते बच्चा बहुत सोच-समझकर कार चलाएगा, अन्यथा उसे दोबारा यह वीडियो गेम खेलने को नहीं मिलेगा। ऐसा करने पर हमारे देश के नौनिहालों को स्वयं को भविष्य में भारतीय सड़कों के लायक तैयार करने में मदद मिलेगी। इस तरह के वीडियो गेम के डेवलपर को यह भी ध्यान रखना चाहिए कि सड़क पर बड़े-बड़े गड्ढे हों, जिनके अंदर जाने पर भी

प्लेयर 'किल' हो सकता है; सड़क के किनारे खुली नालियाँ हों, जिनमें गाड़ियों के गिरने पर भी प्लेयर 'किल' हो सकता है।

इस वीडियो गेम में प्लेयर को यह भी सिखाया जाएगा कि ट्रैफिक पुलिस द्वारा पकड़े जाने पर उसे किस तरह से निगोशिएट करना है, ताकि इससे इन बच्चों की बड़े होकर जीवन की राह आसान हो सके। निगोशिएशन की पावर बचपन से ही सीखने पर हमारे नौनिहालों को न केवल सड़कों में मदद मिलेगी, बल्कि सरकारी ऑफिसों में काम करवाने के प्रैक्टिकल तौर-तरीकों से भी हमारे बच्चे बचपन से ही वाक़िफ हो जाएँगे।

इस वीडियो गेम में एक बहुत महत्वपूर्ण फीचर होगा —'अपना कट'। 'अपना कट' फीचर का कुशलता से उपयोग करने पर खिलाड़ी को ढेर सारे पॉइंट्स प्राप्त हो जाएँगे। गेम खेलने के दौरान इस फीचर का उपयोग करते हुए चौथी कक्षा का दस साल का बच्चा जब सड़क बनवा रहे किसी भ्रष्ट इंजीनियर से 'अपना कट' माँगने लगेगा, तो देश को विकसित होने से कोई नहीं रोक पाएगा।

# 37.

# एक भ्रष्ट सरकारी कर्मचारी का राष्ट्र के नाम संदेश

नमस्कार। मैं एक भ्रष्ट सरकारी कर्मचारी हूँ। स्वतंत्रता दिवस के पावन अवसर पर समस्त देशवासियों को मेरा सादर प्रणाम। दोस्तो आज़ादी के बाद देश ने बहुत तरक्की की है, किंतु भारत अभी तक एक विकसित राष्ट्र न होकर विकासशील राष्ट्र ही है, तो इसके लिए मुझ जैसे भ्रष्ट कर्मचारी भी काफ़ी हद तक ज़िम्मेदार हैं।

ऑफ़िस में मेरे बगल में जो कमरा है, उसके अंदर बैठता है एक बेचारा ईमानदार कर्मचारी। पच्चीस साल की नौकरी के बाद बहुत मुश्किल से वह एक छोटा सा मकान ले पाया है। इतनी छोटी-मोटी प्रॉपर्टी को तो मुझे प्रॉपर्टी मानने में भी शर्म आती है। नज़र उठाकर चल सकने के सिवाय उसके पास है ही क्या? ग़ैरत, शर्म, चरित्र जैसी कुछ मामूली बातों को छोड़ दें, तो आज मेरे पास सब कुछ है।

मेरे जैसे भ्रष्ट कर्मचारी के अस्तित्व के लिए जितना अधिक मैं ज़िम्मेदार हूँ, उतने ही आप भी हैं। मेरा बड़ा बंगला, बड़ी गाड़ी,

विदेश यात्राएँ, फ़ार्म हाउस इत्यादि को देखकर आपको पता ही था कि मैं भ्रष्टाचार में कितना लिप्त हूँ, किंतु तब भी आप कल ही मेरे दरवाज़े पर मुझसे अनुरोध करने के लिए आए थे कि मैं आपके मोहल्ले में, स्कूल में, पार्क में मुख्य अतिथि के रूप में आऊँ और तिरंगा फहराऊँ। मैं भ्रष्ट हूँ, परंतु आप मूर्ख हैं, और हम दोनों देश की उन्नति में बराबर बाधक हैं।

एक वेश्या अपना तन बेचकर अपना घर चलाती है और आप उसको इतने तिरस्कार भाव से देखते हैं। वह अगर आपके आसपास भी दिख जाए तो आप शर्मसार हो जाते हैं। और एक मैं हूँ, जो भारत के करोड़ों गरीबों, असहायों, बेबसों के सपनों को, उनकी आकांक्षाओं को तार-तार कर देता है, और तब भी आप मुझसे नफ़रत नहीं करते वरन् आप मेरे बगल में खड़े होकर फ़ोटो खिंचवाने में अपना गौरव समझते हैं। आप निरे मूर्ख हैं। आपकी नियति लुटते रहने की ही है।

मैं अलग-अलग विभागों में रह चुका हूँ। मैं स्वास्थ्य विभाग में रहा, तो मैंने नवजात बच्चों के क्रिटिकल केयर यूनिट में मिलने वाली ऑक्सीजन और दवाइयों में घोटाला करके अपने बच्चों को विदेशों के बड़े-बड़े कॉलेजों में दाख़िला दिलवाया।

जब मैं सिंचाई विभाग में था, तो छोटी-मोटी बाढ़ में जो फ़ंड आते थे, उनमें मैं अपना हिस्सा लेकर गोवा और अंडमान जैसी छोटी-मोटी जगहों के फ़ाइव स्टार होटलों में अपने परिवार के संग घूमने के लिए जाता था। बड़ी बाढ़ के समय, जब जान-माल का बहुत अधिक नुकसान होता था, उस समय मिलने वाले ढेर सारे फ़ंड के पुण्य प्रताप से हम सपरिवार यूरोप भ्रमण के लिए जाया करते थे।

दोस्तो, सड़कों में आपको जो गड्ढे दिखते हैं, जिनके कारण अक्सर आपका एक्सीडेंट हो जाने के कारण आप अस्पताल में देखे जाते हैं, उन्हीं गड्ढों की बदौलत कुछ ही महीने पहले मैंने एक बड़ा सा फ़ार्म हाउस खरीदा है। मान लीजिए, थोड़ी देर के लिए अगर मेरे अंदर शर्म आनी शुरू हो जाए और तब अगर मैं इन सड़कों को बनाने में भ्रष्टाचार न करूँ, तो आप तो सकुशल घर पहुँच जाएँगे, परंतु मेरे इस फ़ार्म हाउस में जो ऑल वेदर स्विमिंग पूल बन रहा है, उसका काम तो रुक जाएगा न।

दोस्तो, आपको मेरा बड़ा घर, बड़ी गाड़ी और सभी ऐशो-आराम की चीज़ें तो दिखती हैं, किंतु आपको मेरा त्याग, मेरा बलिदान तो कभी दिखाई ही नहीं देता। मेरे ऑफ़िस में जब कोई जनसाधारण अपना काम करवाने के लिए आता है, तो मैं उससे उसका काम करने के बदले जो रिश्वत माँगने के लिए अपने हाथ फैलाता हूँ, इस हाथ को फैलाने में हज़ारों भिखारियों वाला साहस चाहिए होता है। लेकिन मेरी यह बात आप समझ ही नहीं पाएंगे।

भ्रष्टाचार करते-करते मेरा आत्मविश्वास इतना अधिक बढ़ चुका है कि मैं ऊपरवाले को तक बेवकूफ़ बनाने की कोशिश करता हूँ। जनसाधारण को लूटकर कमाई गई इस अकूत संपत्ति का एक अंश मैं भंडारे तथा धार्मिक कार्यों में ख़र्च करके ऊपरवाले को तक रिश्वत देने की कोशिश करता हूँ।

दोस्तो, अंत में मैं आपसे यह कहना चाहता हूँ कि चरित्रहीनों से भरे हुए एक सुनसान रास्ते में, रात के अँधेरे में चली जा रही एक अकेली महिला का अपनी इज़्ज़त बचा पाना फिर भी संभव है, परंतु मेरे जैसे भ्रष्ट कर्मचारियों के सामने आपकी फ़ाइल की

इज़्ज़त बच पाना नामुमकिन है। दोस्तो, आप द्रौपदी हैं, मैं दुःशासन हूँ। आपका चीरहरण होना, मेरा चीरहरण करना शाश्वत सत्य है।

# 38.

# तमीज़ से कंगाल लोग

पैसा तो बहुत आया, मगर अदब कहाँ से लाएँ
गोया तमीज़ बेचकर ही ये दौलत नसीब हुई

कभी-कभी फालतू बातों में भी खुश हो जाना चाहिए। ऐसे ही मैं भी उस दिन खुश हो गया था, जब लोगों ने गृहप्रवेश के दिन मुझसे कहा, “वाह पंत जी, शहर के पॉश इलाके में फ्लैट लेने की बहुत-बहुत बधाई।” व्यक्तिगत तौर पर मुझे लगता है कि महँगा फ्लैट, बड़ी गाड़ी, महँगा फोन, विदेश यात्राएँ—ये बाहरी चीज़ें कभी भी आपका स्तर नहीं बता सकतीं। आप अंदर से कैसे हैं, यह आपका स्तर निर्धारित करता है।

स्टेज पर एक नृत्य-नाटिका का मंचन हो रहा था। दर्शक मंत्रमुग्ध होकर इस नाटिका का आनंद ले रहे थे। लेकिन थोड़ी ही देर बाद लोग सामने खड़े होकर वीडियो रिकॉर्डिंग करने लग गए। वे इतना तक भूल गए कि उनके इस कृत्य से पीछे बैठे दर्शकों को दिक्कत हो रही होगी। पैसों से आप क़ीमती फ़ोन तो खरीद सकते हैं, तमीज़ नहीं।

मैं सपरिवार फिल्म देखने गया हुआ था। टिकट दो सौ रुपए प्रति व्यक्ति था। मेरी पंक्ति के पीछे की पंक्ति एग्जीक्यूटिव सीटों वाली थी। उसका टिकट सात सौ रुपए प्रति व्यक्ति था। हम फिल्म का आनंद ले रहे थे कि तभी फिल्म में नायक-नायिका के अलावा एक और नायिका की आवाज़ आने लगी। वह एक और नायिका थीं, हमारी सीट के पीछे एग्जीक्यूटिव सीट पर बैठी महोदया। क्योंकि फिल्म के नायक-नायिका से अधिक असरदार आवाज़ इन पीछे बैठी नायिका की थी, अतः हमें उन्हीं के सारे डायलॉग सुनने पड़े। कल ये महोदया कहीं पार्टी में गई हुई थीं और वहाँ भोजन स्तरहीन था। अन्य कई बातों के अतिरिक्त इतनी महत्वपूर्ण जानकारी ये अपनी किसी सहेली को दे रही थीं। काश इन्होंने दो सौ रुपए का टिकट लिया होता और बाकी पाँच सौ रुपए की तमीज़ ले पातीं।

रात के बारह बजे थे। ट्रेन में सभी लाइटें बंद हो चुकी थीं और अधिकांश लोग सो रहे थे। एसी टू टियर बोगी थी। ये सज्जन अच्छी-खासी आवाज़ में मोबाइल पर स्टैंड-अप कॉमेडी देख रहे थे और खिलखिलाकर हँस भी रहे थे। पहले मैं अमूमन ऐसी बातों पर लोगों को टोक दिया करता था, किंतु अब नहीं। एक बार मैंने अख़बार में पढ़ा था कि मामूली झड़प में एक व्यक्ति ने दूसरे व्यक्ति को चलती ट्रेन से नीचे फेंक दिया। तब से मैं ट्रेन में चुप ही रहता हूँ।

घर पर जब सुबह-सुबह प्रकृति का आनंद लेने के लिए मैं बालकनी में जाता हूँ, तो अक्सर पंछियों की चहचहाहट और शीतल मंद पवन के झोंकों के अतिरिक्त मेरा साक्षात्कार होता है ऊपर किसी फ्लोर से गिरे टॉफी के रैपर, शैंपू के खाली सैशे, बालों के गुच्छे, सिगरेट के ठूंठ और गुटखे के खाली पैकेटों से। जो शेर मैंने

इस लेख की शुरुआत में लिखा है, वह ऐसे ही लोगों से प्रभावित होकर मैंने कभी लिखा था।

एक नॉन-एसी, खटारा किस्म की रोडवेज़ बस से यात्रियों द्वारा खिड़की से बाहर फेंका गया कूड़ा आपको अक्सर दिख जाएगा। और आपको अक्सर यह भी दिख जाएगा कि मर्सिडीज़ का शीशा नीचे सरकाया जाएगा, एक खूबसूरत घड़ी पहना हाथ बाहर निकलेगा और चिप्स का रैपर या पानी की खाली बोतल सड़क पर फेंक दी जाएगी। तमीज़ के मामलों में अमीर और गरीब एक जैसे होते हैं। अगर कहीं सच्चे अर्थों में समाजवाद आया है, तो वह तमीज़ के क्षेत्र में ही आया है।

आज के दौर के तनावभरे जीवन में हँसने-खिलखिलाने के बहुत कम मौके मिलते हैं। रात के बारह-एक बजे, जब मेजबान अपने मेहमानों को विदा कर रहे होते हैं, तो ये सब घर के दरवाज़े से खिलखिलाते हुए बाहर सड़क पर जाते हैं और फिर कार के पास खड़े होकर इनकी खिलखिलाहट परवान चढ़ने लगती है। कितने सज्जन होते हैं ये लोग। ये जीवन की आपाधापी से परेशान अपने पड़ोसियों को जगा-जगाकर हँसा रहे होते हैं। और एक आप हैं कि इन लोगों पर तमीज़ न होने का इल्ज़ाम लगाते हैं।

पड़ोस में रामायण का अखंड पाठ हो रहा था। छत पर लाउडस्पीकर लगाया गया था, ताकि उनके द्वारा प्रकट की गई भावनाएँ प्रभु राम तक पर्याप्त डेसीबल में ठीक से पहुँच पाएँ। रात ग्यारह बजे तक तो ठीक था, किंतु उसके बाद ऊँघते-ऊँघाते श्रद्धालुओं के सुरीले स्वर—“मंगल भवन अमंगल हारी”—अड़ोस-पड़ोसियों के बंद दरवाज़ों और खिड़कियों को भेदकर उनके कानों

तक पहुँचकर चीख-चीखकर कह रहे थे—"मूर्ख, तुम सो क्यों रहे हो? राम जी ऐसे ही तुम्हारा कल्याण थोड़े ही कर देंगे!"

वंदे भारत ट्रेन में मेज़ के ऊपर पैर रखे हुए एक सज्जन अपनी हाल की यूरोप यात्रा के बारे में बता रहे थे। श्रीमान जी ने बातचीत में यह भी जतला दिया कि वे अपनी इस यात्रा पर इतना खर्च करके आए हैं, जितने पैसों में किसी टियर-टू सिटी में एक छोटा फ्लैट खरीदा जा सकता है। उनकी श्रीमती जी भारतीयों में सिविक सेंस की कमी को लेकर बहुत चिंतित थीं। ट्रेन से उतरने तक उन्होंने मुझे इतना पर्याप्त एहसास दिला दिया कि उनके संग यात्रा करना मेरा सौभाग्य है। परंतु फिर भी मैंने उन्हें मन ही मन बहुत धन्यवाद दिया, क्योंकि उन्होंने ही मुझे इस लेख को लिखने की प्रेरणा दी थी।

पैसे में बहुत ताकत होती है। इससे बहुत-सी चीज़ें खरीदी जा सकती हैं, परंतु अफ़सोस, इससे जो चीज़ नहीं खरीदी जा सकती, वह है तमीज़। काश पैसे से शिष्टाचार, विनम्रता, सहनशीलता और सहानुभूति जैसे गुण खरीदे जा पाते।

www.ingramcontent.com/pod-product-compliance
Lightning Source LLC
LaVergne TN
LVHW100317210926
848480LV00003B/1162
* 9 7 9 8 9 0 5 8 4 7 5 6 1 *